하천재

이론 **7**시간

문제 **7**시간

부동산세법

14문제 맞히기

파이널 패스

핵심이론과 함께하는

100선

브랜드만족
1위
박문각

2024

근거자료
별면표기

박문각 공인중개사
하헌진 부동산세법

이 책의 차례

01 조세총론 · · · · 2

02 취득세 · · · · 20

03 등록에 대한 등록면허세 · · · · 44

04 재산세 · · · · 50

05 종합부동산세 · · · · 66

06 소득세 · · · · 80

복습문제 · · · · 126

정 답 · · · · 178

01 조세총론

02 취득세

03 등록에 대한 등록면허세

04 재산세

05 종합부동산세

06 소득세

부동산세법

01 | 조세총론

01 물납과 분할납부

구 분		물 납	분할납부
지방세	취득세		
	등록면허세		
	재산세(재산세 도시지역분 포함)	○	○
	재산세에 부가되는 지방교육세		○
	소방분 지역자원시설세(재산세를 분할납부하는 경우에만 해당)		○
국세	종합부동산세		○
	종합부동산세에 부가되는 농어촌특별세		○
	소득세 / 종합소득세		○
	소득세 / 양도소득세		○

물납과 분할납부

① 지방자치단체의 장은 재산세의 <u>납부세액이 1천만원을 초과</u>하는 경우에는 납세의무자의 신청을 받아 해당 <u>지방자치단체의 관할구역에 있는 부동산</u>에 대하여만 대통령령으로 정하는 바에 따라 물납을 허가할 수 있다. (   ) (2019년 제30회)

② 종합부동산세는 <u>물납이 허용되지 않는다.</u> (   ) (2021년 제32회)

③ 공공사업의 시행자에게 수용되어 발생한 <u>양도소득세액이 2천만원을 초과하는 경우 납세의무자는 물납을 신청할 수 있다.</u> (   ) (2022년 제33회)

④ 지방자치단체의 장은 재산세의 <u>납부세액이 250만원을 초과</u>하는 경우 법령에 따라 <u>납부할 세액의 일부</u>를 납부기한이 지난 날부터 <u>3개월 이내</u>에 <u>분할납부</u>하게 할 수 있다. (   ) (2016년 제27회)

⑤ 재산세가 분납대상에 해당할 경우 <u>지방교육세도 함께 분납 처리한다.</u> (   )

⑥ 관할세무서장은 <u>종합부동산세로 납부하여야 할 세액이 250만원을 초과</u>하는 경우에는 법령으로 정하는 바에 따라 그 <u>세액의 일부</u>를 납부기한이 지난 날부터 <u>6개월 이내</u>에 <u>분납</u>하게 할 수 있다. (   ) (2023년 제34회)

⑦ <u>농어촌특별세는 종합부동산세 분납금액의 비율</u>에 의하여 종합부동산세의 분납에 따라 <u>분납할 수 있다.</u> (   )

⑧ <u>양도소득과세표준 예정신고시에는 납부할 세액이 1천만원을 초과하더라도 그 납부할 세액의 일부</u>를 <u>분할납부할 수 없다.</u> (   ) (2018년 제29회)

족집게문제

01 조세의 납부방법으로 분할납부가 가능한 것은 모두 몇 개인가?(단, 분할납부의 법정 요건은 전부 충족한 것으로 가정함)

> ㉠ 취득세
> ㉡ 등록에 대한 등록면허세
> ㉢ 재산세
> ㉣ 재산세에 부가되는 지방교육세
> ㉤ 소방분 지역자원시설세
> ㉥ 종합부동산세
> ㉦ 종합부동산세에 부가되는 농어촌특별세
> ㉧ 부동산임대업에서 발생한 사업소득에 대한 종합소득세
> ㉨ 양도소득세

① 5개   ② 6개   ③ 7개
④ 8개   ⑤ 9개

02 용어의 정의 : 지방세기본법과 지방세징수법

① "납세자"란 납세의무자(연대납세의무자와 제2차 납세의무자 및 보증인을 포함)와 특별징수의무자를 말함
② "특별징수"란 지방세를 징수할 때 편의상 징수할 여건이 좋은 자로 하여금 **징수하게** 하고 그 징수한 세금을 **납부하게** 하는 것을 말함
③ "지방자치단체의 징수금"이란 지방세 및 체납처분비를 말함
④ 지방자치단체 징수금의 징수 순위 : 체납처분비 → 지방세(가산세는 제외) → 가산세

용어의 정의

① 「지방세기본법」에서 "납세자"란 <u>납세의무자</u>(연대납세의무자와 제2차 납세의무자 및 보증인 포함)와 <u>특별징수의무자</u>를 말한다. ( ) (2020년 제31회)
② "납세의무자"란 「지방세법」에 따라 지방세를 납부할 의무(지방세를 <u>특별징수하여 납부할 의무</u>는 제외)가 있는 자를 말한다.
③ 특별징수란 지방세를 징수할 때 <u>편의상 징수할 여건이 좋은</u> 자로 하여금 징수하게 하고 그 징수한 세금을 납부하게 하는 것을 말한다. ( ) (2002년 제13회)
④ "체납처분비"란 「지방세징수법」 제3장의 체납처분에 관한 규정에 따른 재산의 <u>압류·보관·운반</u>과 매각에 드는 비용(매각을 대행시키는 경우 그 수수료를 포함)을 말한다. ( )
⑤ 「국세징수법」에서 "<u>체납액</u>"이란 체납된 <u>국세</u>와 강제징수비를 말한다. ( )
⑥ 「국세징수법」에서 <u>체납액의 징수 순위</u>는 강제징수비, 국세(가산세는 제외), 가산세의 순서에 따른다. ( )
⑦ "원천징수"란 세법에 따라 원천징수의무자가 국세(이와 관계되는 가산세는 제외)를 징수하는 것을 말한다. ( )

03 지방자치단체의 세목

특별시		광역시		도	
특별시세	구 세	광역시세	구 세	도 세	시·군세
취득세		취득세		취득세	
	등록면허세		등록면허세	등록면허세	
재산세	재산세		재산세		재산세

목적세

구 분	목적세
지방세	지방교육세, 지역자원시설세
국 세	농어촌특별세, 교통·에너지·환경세, 교육세

족집게문제

02 「지방세기본법」 및 「지방세징수법」상 용어의 정의와 지방자치단체 징수금의 징수 순위에 관한 설명으로 틀린 것을 모두 고른 것은?

> ㉠ "납세의무자"란 「지방세법」에 따라 지방세를 납부할 의무(지방세를 특별징수하여 납부할 의무를 포함)가 있는 자를 말한다.
> ㉡ "신고납부"란 납세의무자가 그 납부할 지방세의 과세표준과 세액을 신고하고, 신고한 세금을 납부하는 것을 말한다.
> ㉢ "보통징수"란 지방세를 징수할 때 편의상 징수할 여건이 좋은 자로 하여금 징수하게 하고 그 징수한 세금을 납부하게 하는 것을 말한다.
> ㉣ 지방자치단체 징수금의 징수순위는 체납처분비, 가산세, 지방세(가산세는 제외)의 순서로 한다.
> ㉤ "제2차 납세의무자"란 납세자가 납세의무를 이행할 수 없는 경우에 납세자를 갈음하여 납세의무를 지는 자를 말한다.

① ㉠, ㉣
② ㉠, ㉢, ㉣
③ ㉡, ㉢, ㉤
④ ㉠, ㉡, ㉢, ㉣
⑤ ㉠, ㉡, ㉢, ㉣, ㉤

03 「국세기본법」 및 「국세징수법」상 용어의 정의와 체납액의 징수 순위에 관한 설명으로 옳은 것을 모두 고른 것은?

> ㉠ "납세자"란 납세의무자(연대납세의무자와 납세자를 갈음하여 납부할 의무가 생긴 경우의 제2차 납세의무자 및 보증인을 포함)와 세법에 따라 국세를 징수하여 납부할 의무를 지는 자를 말한다.
> ㉡ "가산세"란 이 법 및 세법에서 규정하는 의무의 성실한 이행을 확보하기 위하여 세법에 따라 산출한 세액에 가산하여 징수하는 금액을 말한다.
> ㉢ "보증인"이란 납세자의 국세 또는 강제징수비의 납부를 보증한 자를 말한다.
> ㉣ 체납액의 징수 순위는 강제징수비, 가산세, 국세(가산세는 제외)의 순서에 따른다.
> ㉤ "강제징수비란 「국세징수법」 중 강제징수에 관한 규정에 따른 재산의 압류, 보관, 운반과 매각에 든 비용(매각을 대행시키는 경우 그 수수료를 포함)을 말한다.

① ㉠, ㉡
② ㉡, ㉢, ㉣
③ ㉠, ㉢, ㉣
④ ㉠, ㉡, ㉢, ㉤
⑤ ㉠, ㉡, ㉢, ㉣, ㉤

04 취득·보유 및 양도단계

구 분		취 득	보 유	양 도
취득세		○		
등록에 대한 등록면허세		○		
재산세			○	
지방교육세		○	○	
소방분 지역자원시설세			○	
지방소득세			○	○
종합부동산세			○	
소득세	종합소득세		○	○
	양도소득세			○
농어촌특별세		○	○	○
인지세		○		○

부가세

본 세		거래활동	부가세	
			납부세액	감면세액
취득세		취득	100분의 10 농어촌특별세 100분의 20 지방교육세	100분의 20 농어촌특별세
등록면허세		취득	100분의 20 지방교육세	100분의 20 농어촌특별세
재산세		보유	100분의 20 지방교육세	−
종합부동산세		보유	100분의 20 농어촌특별세	−
소득세	종합소득세	보유 + 양도	−	100분의 20 농어촌특별세
	양도소득세	양도		

족집게문제

04 甲이 2024년에 공장용 건축물을 취득하는 경우, 취득단계에서 부담할 수 있는 지방세를 모두 고른 것은?

> ㉠ 소방분 지역자원시설세 ㉡ 개인지방소득세
> ㉢ 지방교육세 ㉣ 농어촌특별세
> ㉤ 종합소득세

① ㉢ ② ㉣ ③ ㉢, ㉣
④ ㉡, ㉣, ㉤ ⑤ ㉠, ㉡, ㉢, ㉣

05 독립된 세원에 대하여 부과하는 조세를 독립세라 하고, 별도의 과세대상이 존재하지 아니하고 다른 조세를 부과할 때 부가적으로 징수하는 조세를 부가세라고 한다. 본세에 부과되는 부가세에 관한 설명으로 옳은 것은 모두 몇 개인가?

> ㉠ 취득세에는 취득세 표준세율을 100분의 2로 적용하여 산출한 취득세액의 100분의 10에 해당하는 농어촌특별세가 부가세로 부과한다.
> ㉡ 취득세에는 취득세 표준세율에서 1천분의 20을 뺀 세율을 적용하여 산출한 취득세액(유상거래를 원인으로 주택을 취득하는 경우에는 취득세 표준세율에 100분의 50을 곱한 세율을 적용하여 산출한 취득세액)의 100분의 20에 해당하는 지방교육세가 부가세로 부과한다.
> ㉢ 취득세에는 취득세 감면세액의 100분의 20에 해당하는 농어촌특별세가 부가세로 부과한다.
> ㉣ 재산세에는 납부하여야 할 재산세액(재산세 도시지역분에 따른 재산세액은 제외)의 100분의 20에 해당하는 지방교육세가 부가세로 부과된다.
> ㉤ 종합부동산세에는 납부하여야 할 종합부동산세액의 100분의 20에 해당하는 농어촌특별세가 부가세로 부과된다.

① 1개 ② 2개 ③ 3개
④ 4개 ⑤ 5개

05 납세의무의 성립시기

구 분		납세의무의 성립시기
취득세		과세물건을 취득하는 때
등록에 대한 등록면허세		재산권과 그 밖의 권리를 등기하거나 등록하는 때
재산세		과세기준일 : 매년 6월 1일
지방교육세		과세표준이 되는 세목의 납세의무가 성립하는 때
소방분 지역자원시설세		과세기준일 : 매년 6월 1일
지방소득세		과세표준이 되는 소득에 대하여 소득세·법인세의 납세의무가 성립하는 때
수시로 부과하여 징수하는 지방세		수시부과할 사유가 발생하는 때
지방세 가산세		법정신고기한이 경과하는 때 등
종합부동산세		과세기준일 : 매년 6월 1일
소득세	원칙	과세기간이 끝나는 때
	중간예납	중간예납기간이 끝나는 때
	예정신고	과세표준이 되는 금액이 발생한 달의 말일
	원천징수	소득금액 등을 지급하는 때
인지세		과세문서를 작성한 때
농어촌특별세		본세의 납세의무가 성립하는 때
수시부과하여 징수하는 국세		수시부과할 사유가 발생한 때
국세 가산세		법정신고기한이 경과하는 때 등

납세의무의 성립시기

① 상속으로 인한 취득의 경우에는 상속개시일이 취득세 납세의무의 성립시기이다. ( ) (2023년 제34회)
② 거주자 甲은 2024년 2월 10일 거주자 乙로부터 국내소재 상업용 건축물(오피스텔 아님)을 취득하고, 2024년 10월 현재 소유하고 있다. 甲의 재산세 납세의무는 2024년 6월 1일에 성립한다. ( ) (2012년 제23회)
③ 지방교육세의 납세의무 성립시기는 그 과세표준이 되는 세목의 납세의무가 성립하는 때이다. ( )
④ 취득세에 부가되는 지방교육세의 납세의무 성립시기는 과세물건을 취득하는 때이다. ( )
⑤ 소득세의 납세의무 성립시기는 소득을 지급하는 때이다. ( )
⑥ 예정신고납부하는 양도소득세의 납세의무 성립시기는 부동산을 양도하는 때이다. ( )
⑦ 농어촌특별세의 납세의무 성립시기는 본세의 납세의무가 성립하는 때이다. ( )
⑧ 종합부동산세에 부가되는 농어촌특별세의 납세의무 성립시기는 과세기준일이다. ( )
⑨ 국세의 무신고가산세 및 과소신고·초과환급신고가산세의 납세의무 성립시기는 법정신고기한이 경과하는 때이다. ( )

족집게문제

06 납세의무 성립시기에 관한 설명으로 옳은 것을 모두 고른 것은?

> ㉠ 예정신고납부하는 소득세 : 과세기간이 끝나는 때
> ㉡ 수시로 부과하여 징수하는 재산세 : 과세기준일
> ㉢ 원천징수하는 소득세 : 소득금액 또는 수입금액을 지급하는 때
> ㉣ 지방소득세 : 과세표준이 되는 소득에 대하여 소득세·법인세의 납세의무가 성립하는 때
> ㉤ 등록에 대한 등록면허세에 부가되는 지방교육세 : 재산권과 그 밖의 권리를 등기하거나 등록하는 때

① ㉠, ㉡   ② ㉡, ㉣   ③ ㉡, ㉢, ㉣
④ ㉢, ㉣, ㉤   ⑤ ㉠, ㉡, ㉢, ㉣, ㉤

07 납세의무의 성립시기에 관한 설명으로 옳은 것은 모두 몇 개인가?

> ㉠ 농어촌특별세 : 본세의 납세의무가 성립하는 때
> ㉡ 인지세 : 과세문서를 작성한 때
> ㉢ 중간예납하는 소득세 : 중간예납기간이 끝나는 때
> ㉣ 종합부동산세 : 과세기준일
> ㉤ 국세의 무신고가산세 및 과소신고·초과환급신고가산세 : 법정신고기한이 경과하는 때

① 1개   ② 2개   ③ 3개
④ 4개   ⑤ 5개

06 납세의무의 확정 및 가산세

구 분		신 고	가산세	결 정	가산세
취득세		○(원칙)	○	○(예외)	○
등록에 대한 등록면허세		○(원칙)	○	○(예외)	○
재산세		−	−	○(원칙)	○
종합부동산세		○(선택)	○	○(원칙)	○
소득세	종합소득세	○(원칙)	○	○(예외)	○
	양도소득세				

납세의무의 확정

① 취득세는 원칙적으로 <u>보통징수</u> 방법에 의한다. (　) (2015년 제26회)

② 甲의 재산세 납세의무는 과세표준과 세액을 지방자치단체에 <u>신고</u>하여 <u>확정</u>된다. (　) (2012년 제23회)

③ 관할세무서장은 납부하여야 할 종합부동산세의 세액을 결정하여 해당 연도 12월 1일부터 12월 15일까지 부과 · 징수한다. (　) (2023년 제34회)

④ 거주자인 개인 甲이 乙로부터 부동산을 <u>취득</u>하여 보유하고 있다가 丙에게 <u>양도</u>하였다. 甲이 종합부동산세를 <u>신고납부방식으로 납부</u>하고자 하는 경우 과세표준과 세액을 <u>해당 연도 12월 1일부터 12월 15일까지</u> 관할 세무서장에게 신고하는 때에 종합부동산세 납세의무는 확정된다. (　) (2021년 제32회)

⑤ 양도소득세 납세의무의 확정은 납세의무자의 <u>신고에 의하지 않고 관할세무서장의 결정</u>에 의한다. (　) (2022년 제33회)

족집게문제

08 「지방세기본법」 및 「국세기본법」상 납세의무의 확정에 관한 설명으로 틀린 것은?

① 납세의무자가 과세표준과 세액을 지방자치단체에 신고납부하는 지방세는 신고하는 때에 세액이 확정된다. 다만, 납세의무자가 과세표준과 세액의 신고를 하지 아니하거나 신고한 과세표준과 세액이 지방세관계법에 어긋나는 경우에는 지방자치단체가 과세표준과 세액을 결정하거나 경정하는 때로 한다.

② 납세의무자가 과세표준과 세액을 지방자치단체에 신고납부하는 지방세 외의 지방세는 해당 지방세의 과세표준과 세액을 해당 지방자치단체가 결정하는 때에 세액이 확정된다.

③ 소득세는 납세의무자가 과세표준과 세액을 정부에 신고했을 때에 확정된다. 다만, 납세의무자가 과세표준과 세액의 신고를 하지 아니하거나 신고한 과세표준과 세액이 세법에서 정하는 바와 맞지 아니한 경우에는 정부가 과세표준과 세액을 결정하거나 경정하는 때에 그 결정 또는 경정에 따라 확정된다.

④ 종합부동산세는 납세의무자가 「종합부동산세법」 제16조 제3항에 따라 과세표준과 세액을 정부에 신고하는 때에도 확정되지 아니한다.

⑤ 인지세는 납세의무가 성립하는 때에 특별한 절차 없이 그 세액이 확정된다.

09 원칙적으로 관세관청의 결정에 의하여 납세의무가 확정되는 지방세는 모두 몇 개인가?

㉠ 재산세	㉡ 양도소득세
㉢ 종합부동산세	㉣ 등록에 대한 등록면허세
㉤ 소방분에 대한 지역자원시설세	

① 1개　　　　　　② 2개　　　　　　③ 3개
④ 4개　　　　　　⑤ 5개

07 납부의무의 소멸사유

① 납부
② 충당
③ 부과가 취소되었을 때
④ 부과의 제척기간이 만료되었을 때
⑤ 징수권의 소멸시효가 완성되었을 때

08 지방세 부과의 제척기간

구 분			제척기간
납세자	사기·부정		10년
	무신고	① 상속·증여(부담부 증여를 포함), 명의 신탁약정, 과점주주	
		② ① 외의 경우	7년
그 밖의 경우			5년

09 국세 부과의 제척기간

구 분			제척기간
원 칙	납세자	부 정	10년(역외거래 15년)
		무신고	7년(역외거래 10년)
	그 밖의 경우		5년(역외거래 7년)
예 외	부담부증여의 양도소득세		증여세 준용

10 조세징수권의 소멸시효

구 분		소멸시효
지방세	① 5천만원 이상	10년
	② ① 외	5년
국 세	① 5억원 이상	10년
	② ① 외	5년

부과의 제척기간과 징수권의 소멸시효

① 납세자가 <u>법정신고기한까지 과세표준신고서를 제출하지 아니한 경우에 지방세 부과 제척기간은 5년</u>이다. (   ) (2015년 제26회)
② 거주자 甲은 <u>2024년 2월 10일 거주자 乙로부터 국내소재 상업용 건축물(오피스텔 아님)을 취득하고, 2024년 10월 현재 소유하고 있다. 甲의 재산세 납세의무는 2029년 5월 31일까지 지방자치단체가 부과</u>하지 아니하면 소멸한다.(단, 사기나 그 밖의 부정한 행위 및 수시부과사유는 없음) (   ) (2012년 제23회)
③ 납세자에게 부정행위가 없으며 특례제척기간에 해당하지 않는 경우 원칙적으로 납세의무 성립일부터 <u>3년</u>이 지나면 종합부동산세를 <u>부과</u>할 수 없다. (   ) (2021년 제32회)

족집게문제

10 지방세는 법령으로 정하는 바에 따라 부과할 수 있는 날부터 일정한 기간이 만료되는 날까지 부과하지 아니한 경우에는 부과할 수 없다. 「지방세기본법」에서 규정하고 있는 부과의 제척기간에 관한 설명으로 옳은 것은?(다만, 결정·판결, 상호합의, 경정청구 등의 예외는 고려하지 않음)

① 납세자가 사기나 그 밖의 부정한 행위로 지방세를 포탈하거나 환급·공제 또는 감면받은 경우: 15년

② 상속 또는 증여(부담부 증여를 포함)를 원인으로 취득하는 경우로서 납세자가 법정신고기한까지 과세표준 신고서를 제출하지 아니한 경우: 10년

③ 「부동산 실권리자명의 등기에 관한 법률」제2조 제1호에 따른 명의신탁약정으로 실권리자가 사실상 취득하는 경우로서 납세자가 법정신고기한까지 과세표준신고서를 제출하지 아니한 경우: 7년

④ 타인의 명의로 법인의 주식 또는 지분을 취득하였지만 해당 주식 또는 지분의 실권리자인 자가 제46조 제2호에 따른 과점주주가 되어 「지방세법」제7조 제5항에 따라 해당 법인의 부동산등을 취득한 것으로 보는 경우로서 납세자가 법정신고기한까지 과세표준 신고서를 제출하지 아니한 경우: 7년

⑤ 재산세: 7년

지방세 부과 제척기간의 기산일

> ① 신고납부하도록 규정된 지방세의 경우 지방세를 부과할 수 있는 날은 해당 지방세에 대한 <u>신고기한의 다음 날</u>
> ② ①에 따른 지방세 외의 지방세의 경우 지방세를 부과할 수 있는 날은 해당 지방세의 납세의무 성립일

11 「지방세기본법」및 「국세기본법」에서 규정한 부과의 제척기간과 징수권의 소멸시효에 관한 설명으로 틀린 것은?

① 지방세 부과의 제척기간은 권리관계를 조속히 확정·안정시키려는 것으로 지방세징수권 소멸시효와는 달리 기간의 중간이나 정지가 없다.

② 지방세징수권의 시효는 납세고지, 독촉 또는 납부최고, 교부청구, 압류의 사유로 중단된다.

③ 5천만원 이상의 지방세징수권은 그 권리를 행사할 수 있는 때부터 10년 동안 행사하지 아니하면 시효로 인하여 소멸한다.

④ 납세자에게 부정행위가 없으며 특례제척기간에 해당하지 않는 경우 원칙적으로 납세의무 성립일부터 7년이 지나면 종합부동산세를 부과할 수 없다.

⑤ 5억원 미만의 국세징수권은 이를 행사할 수 있는 때부터 5년 동안 행사하지 아니하면 소멸시효가 완성된다.

11 지방세의 가산세

(1) 지방세의 가산세
① 가산세는 지방세의 세목
② 다만, 가산세는 감면대상에 포함하지 아니함

(2) 지방세의 가산세율

구 분			가산세율
신 고	무신고	일반	100분의 20
		사기·부정	100분의 40
	과소신고	일반	100분의 10
		사기·부정	사기·부정 100분의 40 + 일반 100분의 10
납 부	① 신고납부 : 법정납부기한의 다음 날부터 자진납부일 또는 납세고지일까지의 일수 × 1일 10만분의 22(납부하지 아니한 세액, 과소납부분 세액의 100분의 75 한도) ② 납세고지서에 따른 납부기한 ㉠ 납부하지 아니한 세액 또는 과소납부분 세액 × 100분의 3 ㉡ 납세고지서에 따른 납부기한이 지난 날부터 1개월이 지날 때마다 1만분의 66(60개월 한도, 납세고지서별·세목별 세액이 45만원 미만은 배제)		

12 국세의 가산세율 : 부정으로 인한 역외거래는 100분의 60

구 분			가산세율
신 고	무신고	일반	100분의 20
		부정	100분의 40
	과소신고	일반	100분의 10
		부정	부정 100분의 40 + 일반 100분의 10
납 부	① 1일(납부고지일부터 납부고지서에 따른 납부기한까지의 기간은 제외) 10만분의 22 ㉠ 납부고지서 : 5년 한도 ㉡ 납부고지서 : 150만원 미만 배제 ② 납부고지서에 따른 납부기한 : 100분의 3		

가산세

① 납세의무자가 납부기한까지 지방세를 납부하지 않은 경우 납부하지 아니한 세액의 100분의 20을 가산세로 부과한다. ( ) (2015년 제26회)
② 국세의 가산세는 해당 의무가 규정된 해당 국세의 세목으로 하며, 해당 국세를 감면하는 경우 가산세는 그 감면대상에 포함시키지 아니하는 것으로 한다. ( ) (2011년 제22회)
③ 납세의무자가 법정신고기한까지 양도소득세의 과세표준 신고를 하지 아니한 경우(부정행위로 인한 무신고는 제외)에는 그 무신고납부세액에 100분의 20을 곱한 금액을 가산세로 한다. ( ) (2022년 제33회)

족집게문제

12 「지방세기본법」상 무신고가산세와 과소신고가산세에 관한 설명으로 옳은 것을 모두 고른 것은?

> ㉠ 납세의무자가 사기나 그 밖의 부정한 행위가 아닌 경우로 법정신고기한까지 과세표준 신
> 고를 하지 아니한 경우에는 무신고납부세액의 100분의 20에 상당하는 금액을 무신고가
> 산세로 부과한다.
> ㉡ 납세의무자가 사기나 그 밖의 부정한 행위로 법정신고기한까지 과세표준 신고를 하지 아니
> 한 경우에는 무신고납부세액의 100분의 40에 상당하는 금액을 무신고가산세로 부과한다.
> ㉢ 납세의무자가 사기나 그 밖의 부정한 행위가 아닌 경우로 법정신고기한까지 과소신고한
> 경우에는 과소신고납부세액등의 100분의 10에 상당하는 금액을 과소신고가산세로 부과
> 한다.
> ㉣ 납세의무자가 사기나 그 밖의 부정한 행위로 법정신고기한까지 과소신고한 경우에는 부
> 정과소신고납부세액등의 100분의 40에 상당하는 금액과 과소신고납부세액등에서 부정
> 과소신고납부세액등을 뺀 금액의 100분의 20에 상당하는 금액을 합한 금액을 과소신고
> 가산세로 부과한다.

① ㉠, ㉡   ② ㉢, ㉣   ③ ㉠, ㉡, ㉢
④ ㉡, ㉢, ㉣   ⑤ ㉠, ㉡, ㉢, ㉣

13 「국세기본법」 제47조의4(납부지연가산세)에 관련된 내용이다. 괄호 안에 들어갈 법령상의 숫자를 순서대로 나열한 것은?

> (1) 납세의무자가 법정납부기한까지 국세(「인지세법」 제8조 제1항에 따른 인지세는 제외)의
> 납부를 하지 아니하거나 과소납부한 경우에는 다음의 금액을 합한 금액을 가산세로 한다.
> ㉠ 납부하지 아니한 세액 또는 과소납부분 세액 × 법정납부기한의 다음 날부터 납부일
> 까지의 기간(납부고지일부터 납부고지서에 따른 납부기한까지의 기간은 제외) × 1일
> 10만분의 (　　)
> ㉡ 법정납부기한까지 납부하여야 할 세액 중 납부고지서에 따른 납부기한까지 납부하지
> 아니한 세액 또는 과소납부분 세액 × 100분의 (　　)(국세를 납부고지서에 따른 납부기
> 한까지 완납하지 아니한 경우에 한정)
> (2) (1)을 적용할 때 납부고지서에 따른 납부기한의 다음 날부터 납부일까지의 기간이 (　　)년
> 을 초과하는 경우에는 그 기간은 (　　)년으로 한다.
> (3) 체납된 국세의 납부고지서별 · 세목별 세액이 (　　)만원 미만인 경우에는 ⑴의 ㉠의 가산
> 세를 적용하지 아니한다.

① 22, 3, 5, 5, 150   ② 22, 3, 3, 3, 150   ③ 25, 3, 5, 5, 150
④ 25, 5, 5, 5, 150   ⑤ 22, 3, 5, 5, 30

www.pmg.co.kr

13 조세채권과 피담보채권과의 관계

(1) 조세채권과 피담보채권 등의 우선관계
① 피담보채권에 우선하는 조세
  ㉠ 그 재산에 대하여 부과된 조세: 재산세, 재산세에 부가되는 지방교육세, 소방분에 대한 지역자
    원시설세, 종합부동산세, 상속세, 증여세, 자동차 소유에 대한 자동차세, 자동차세에 부가되는
    지방교육세 등
    ⓐ 그 재산에 대하여 부과된 조세 → 피담보채권
    ⓑ 다만, 주택 전세권 등에 따른 채권의 설정일 등이 그 재산에 대하여 부과된 조세의 법정기일
      보다 빠른 경우: 해당 재산에 대하여 부과된 조세의 징수액에 한정하여 주택 전세권 등에
      따른 채권 → 그 재산에 대하여 부과된 조세
  ㉡ 일반조세의 법정기일이 피담보채권 등의 설정일 보다 빠른 경우: 조세채권 → 피담보채권
② 피담보채권 등의 설정일이 일반조세의 법정기일보다 빠른 경우: 피담보채권 → 조세채권

(2) 조세채권 사이의 우선관계: 담보 → 압류 → 교부청구

조세채권과 피담보채권과의 관계

① <u>법정기일</u>은 과세표준과 세액의 신고에 의하여 납세의무가 확정되는 지방세의 경우 신고한 해당
  세액에 대해서는 그 신고일이고, 과세표준과 세액을 지방자치단체가 결정·경정 또는 수시부과결
  정하는 경우에 고지한 해당 세액에 대해서는 납세고지서의 발송일이다. ( )
② 강제집행으로 부동산을 매각할 때 그 매각금액 중에 국세를 징수하는 경우, <u>강제집행 비용</u>은 국세
  에 <u>우선한다</u>. ( ) (2018년 제29회)
③ <u>등록에 대한 등록면허세</u> 신고서를 납세지 관할 지방자치단체장에게 제출한 날 전에 저당권 설정
  <u>등기</u> 사실이 증명되는 재산을 매각하여 그 매각금액에서 취득세를 징수하는 경우, 저당권에 따라
  담보된 채권은 등록에 대한 등록면허세에 우선한다. ( )
④ 재산의 매각대금 배분시 당해 재산에 부과된 <u>재산세</u>는 당해 재산에 설정된 <u>저당권에 따라 담보된
  채권보다 우선한다</u>. ( ) (2018년 제29회)
⑤ 납세담보물 매각시 압류에 관계되는 조세채권은 담보 있는 조세채권보다 <u>우선한다</u>. ( ) (2018년
  제29회)

족집게문제

14 법정기일 전에 저당권의 설정을 등기한 사실이 등기사항증명서(부동산등기부 등본)에 따라 증명되는 재산을 매각하여 그 매각금액에서 지방세 또는 국세를 징수하는 경우, 그 재산에 대하여 부과되는 다음의 지방세 또는 국세 중 저당권에 따라 담보된 채권에 우선하여 징수하는 것은 모두 몇 개인가?

> ㉠ 재산세
> ㉡ 부동산임대에 따른 종합소득세
> ㉢ 종합부동산세
> ㉣ 등록에 대한 등록면허세에 부가되는 지방교육세
> ㉤ 소방분에 대한 지역자원시설세

① 1개   ② 2개   ③ 3개
④ 4개   ⑤ 5개

15 「지방세기본법」 및 「국세기본법」상 조세채권과 일반채권의 관계에 관한 설명으로 틀린 것은?

① 취득세 신고서를 납세지 관할 지방자치단체장에게 제출한 날 전에 저당권 설정 등기 사실이 증명되는 재산을 매각하여 그 매각금액에서 취득세를 징수하는 경우, 저당권에 따라 담보된 채권은 취득세에 우선한다.

② 양도소득세 신고서를 납세지 관할 세무서장에게 제출한 날 전에 저당권 설정 등기 사실이 증명되는 재산을 매각하여 그 매각금액에서 양도소득세를 징수하는 경우, 저당권에 따라 담보된 채권은 양도소득세에 우선한다.

③ 재산세 납세고지서의 발송일 전에 저당권 설정 등기 사실이 증명되는 재산을 매각하여 그 매각금액에서 재산세를 징수하는 경우, 재산세는 저당권에 따라 담보된 채권에 우선한다.

④ 종합부동산세 납부고지서의 발송일 전에 「주택임대차보호법」 제2조에 따른 주거용 건물 전세권 설정 등기 사실이 증명되는 재산을 매각하여 그 매각금액에서 종합부동산세를 징수하는 경우, 종합부동산세는 주거용 건물 전세권에 따라 담보된 채권에 우선한다.

⑤ 지방자치단체의 징수금의 체납처분에 의하여 납세자의 재산을 압류한 후 다른 지방자치단체의 징수금 또는 국세의 교부청구가 있으면 압류에 관계되는 지방자치단체의 징수금은 교부청구한 다른 지방자치단체의 징수금 또는 국세에 우선하여 징수한다.

14 조세쟁송 : 지방세의 불복청구

① 행정심판 전치주의: **행정심판 → 행정소송**
② 행정심판: 심급구조
   ㉠ **원칙적 2심급**: 이의신청을 거친 후에 심판청구
   ㉡ **선택적 1심급**: 이의신청을 거치지 아니하고 바로 심판청구
③ 청구기한
   ㉠ 90일 이내
   ㉡ 천재지변 등의 경우 그 사유가 소멸한 날부터 14일 이내 연장
④ 30일까지 공매처분을 보류할 수 있음

「지방세기본법」에 따른 지방세의 불복청구

① 지방세에 관한 불복시 불복청구인은 <u>이의신청을 거치지 않고</u> 심판청구를 <u>제기할 수 없다.</u> ( )
   (2015년 제26회)
② 지방세에 관한 불복시 불복청구인은 **심판청구를 거치지 아니하고** 행정소송을 <u>제기할 수 있다.</u> ( )
   (2019년 제30회)
③ <u>「감사원법」에 따른 심사청구</u>를 거친 경우에는 이 법에 따른 심판청구를 거친 것으로 본다. ( )
④ 이의신청인은 신청금액이 <u>1천만원 미만</u>인 경우에는 그의 배우자, 4촌 이내의 혈족 또는 그의 배우자의 4촌 이내 혈족을 대리인으로 선임할 수 있다. ( ) (2019년 제30회)
⑤ 「지방세기본법」에 따른 <u>과태료</u>의 부과처분을 받은 자는 이의신청 또는 심판청구를 할 수 없다.
   ( ) (2019년 제30회)

「지방세기본법」에 따른 서류의 송달

① <u>연대납세의무자</u>에게 납세의 고지에 관한 서류를 송달할 때에는 연대납세의무자 모두에게 각각 송달하여야 한다. ( ) (2022년 제33회)
② <u>교부송달</u>의 경우 송달할 장소에서 서류의 송달을 받아야 할 자가 정당한 사유 없이 서류의 수령을 거부하면 송달할 장소에 서류를 둘 수 있다. ( ) (2013년 제24회)
③ 서류송달을 받아야 할 자의 <u>주소 또는 영업소가 분명하지 아니한 경우</u>에는 서류의 주요 내용을 <u>공고한 날부터 14일이 지나면</u> 서류의 송달이 된 것으로 본다. ( ) (2022년 제33회)
④ 공시송달의 사유

   ㉠ 주소 또는 영업소가 국외에 있고 <u>송달하기 곤란한 경우</u>
   ㉡ 주소 또는 영업소가 <u>분명하지 아니한 경우</u>
   ㉢ 서류를 우편으로 송달하였으나 받을 사람이 없는 것으로 확인되어 반송됨으로써 <u>납부기한 내에 송달하기 곤란하다고 인정되는 경우</u>
   ㉣ 세무공무원이 2회 이상 납세자를 방문[처음 방문한 날과 마지막 방문한 날 사이의 기간이 3일(기간을 계산할 때 공휴일 및 토요일은 산입하지 않음) 이상이어야 함]하여 서류를 교부하려고 하였으나 받을 사람이 없는 것으로 확인되어 <u>납부기한 내에 송달하기 곤란하다고 인정되는 경우</u>

족집게문제

16 「지방세기본법」상 이의신청과 심판청구에 관한 설명으로 옳은 것은?(단, 「감사원법」에 따른 심사청구는 고려하지 아니함)

① 이의신청을 거친 후에 심판청구를 할 때에는 이의신청에 대한 결정 통지를 받은 날부터 60일 이내에 조세심판원장에게 심판청구를 하여야 한다.

② 이의신청을 거치지 아니하고 바로 심판청구를 할 때에는 그 처분이 있은 것을 안 날(처분의 통지를 받았을 때에는 통지받은 날)부터 60일 이내에 조세심판원장에게 심판청구를 하여야 한다.

③ 이의신청인 또는 심판청구인이 천재지변 등으로 인하여 이의신청 또는 심판청구기간에 이의신청 또는 심판청구를 할 수 없을 때에는 그 사유가 소멸한 날부터 30일 이내에 이의신청 또는 심판청구를 할 수 있다.

④ 이의신청 또는 심판청구는 그 처분의 집행에 효력이 미치지 아니한다. 다만, 압류한 재산에 대해서는 이의신청 또는 심판청구의 결정이 있는 날부터 60일까지 그 공매처분을 보류할 수 있다.

⑤ 위법한 처분에 대한 행정소송은 이 법에 따른 심판청구와 그에 대한 결정을 거치지 아니하면 제기할 수 없다. 다만, 심판청구에 대한 재조사 결정에 따른 처분청의 처분에 대한 행정소송은 그러하지 아니하다.

17 「지방세기본법」상 서류의 송달에 관한 설명으로 틀린 것은?

① 교부송달의 경우에 송달할 장소에서 서류를 송달받아야 할 자를 만나지 못하였을 때에는 그의 사용인, 그 밖의 종업원 또는 동거인으로서 사리를 분별할 수 있는 사람에게 서류를 송달할 수 있으며, 서류의 송달을 받아야 할 자 또는 그의 사용인, 그 밖의 종업원 또는 동거인으로서 사리를 분별할 수 있는 사람이 정당한 사유 없이 서류의 수령을 거부하면 송달할 장소에 서류를 둘 수 있다.

② 전자송달은 서류의 송달을 받아야 할 자가 신청하는 경우에만 한다.

③ 주소 또는 영업소가 국외에 있고 송달하기 곤란한 경우에는 공시송달을 할 수 있다.

④ 서류를 우편으로 송달하였으나 받을 사람(법 제30조 제3항에 규정된 자를 포함)이 없는 것으로 확인되어 반송됨으로써 납부기한 내에 송달하기 곤란하다고 인정되는 경우에는 공시송달을 할 수 있다.

⑤ 서류의 송달을 받아야 할 자가 주소 또는 영업소가 국외에 있고 송달하지 곤란한 경우에는 서류의 주요 내용을 공고한 날에 서류의 송달이 된 것으로 본다.

02 | 취득세

01 취득의 정의

(1) **취득의 정의**: 원시취득, 승계취득 또는 유상·무상의 모든 취득

(2) **취득의제**
① 토지 지목변경 + 가액 증가
② 개수
③ 차량 등 종류변경 + 가액 증가
④ 과점주주 간주취득
   ㉠ 100분의 50을 초과
   ㉡ 취득으로 보지 아니하는 경우: 설립, 감자, 총주식의 비율에 변동이 없는 경우
   ㉢ 지분비율: 최초면 모두, 증가된 경우에는 증가분, 다시 과점주주가 된 경우에는 이전 과점주주 가 된 당시의 비율보다 증가분

취득의 정의

① 토지의 지목을 사실상 변경함으로써 그 가액이 증가한 경우에는 <u>취득으로 보지 아니한다</u>. (　) (2021년 제32회)
② 법인 <u>설립시</u> 발행하는 주식을 취득함으로써 지방세기본법에 따른 과점주주가 되었을 때에는 그 과점주주가 해당 법인의 부동산 등을 <u>취득한 것으로 본다</u>. (　) (2015년 제26회)
③ 다른 주주의 주식이 감자됨으로써 비상장법인 과점주주의 지분비율이 증가한 경우에는 취득세 납<u>세의무가 있다</u>. (　)
④ 과점주주 집단내부 및 특수관계자간의 주식거래가 발생하여 과점주주가 소유한 **총주식의 비율에 변동이 없다면** 과점주주 간주취득세의 납세의무는 없다. (　) (2018년 제29회)
⑤ 비상장법인의 <u>설립시</u> 지분비율이 <u>40%</u>인 주주가 <u>지분 20%</u>를 증자로 추가로 취득한 경우에 <u>취득으로 간주되는 지분비율은 20%</u>이다. (　)
⑥ 비상장법인의 <u>설립시</u> 지분비율이 <u>60%</u>인 주주가 <u>지분 10%</u>를 증자로 추가로 취득한 경우에 <u>취득으로 간주되는 지분비율은 70%</u>이다. (　)
⑦ 비상장법인의 주식을 <u>60% 소유</u>하고 있던 과점주주 甲이 2023년 12월 20일에 주식을 <u>20%를 양도</u>한 후 2024년 10월 28일에 주식을 <u>30% 추가로 취득</u>하였다. 이 경우 <u>취득으로 간주되는 지분비율은 70%</u>이다. (　)

족집게문제

18 「지방세법」 제6조에서 규정하고 있는 취득세 용어의 정의에 관한 설명으로 옳은 것은 모두 몇 개인가?

> ㉠ "취득"이란 매매, 교환, 상속, 증여, 기부, 법인에 대한 현물출자, 건축, 개수, 공유수면의 매립, 간척에 의한 토지의 조성 등과 그 밖에 이와 유사한 취득으로서 원시취득(수용재결로 취득한 경우 등 과세대상이 이미 존재하는 상태에서 취득하는 경우는 제외), 승계취득 또는 유상·무상의 모든 취득을 말한다.
> ㉡ "부동산"이란 토지 및 건축물을 말한다.
> ㉢ "토지"란 「공간정보의 구축 및 관리 등에 관한 법률」에 따라 지적공부의 등록대상이 되는 토지와 그 밖에 사용되고 있는 사실상의 토지를 말한다.
> ㉣ "중과기준세율"이란 제11조 및 제12조에 따른 세율에 가감하거나 제15조제2항에 따른 세율의 특례 적용기준이 되는 세율로서 1천분의 20을 말한다.
> ㉤ "연부"란 매매계약서상 연부계약 형식을 갖추고 일시에 완납할 수 없는 대금을 2년 이상에 걸쳐 일정액씩 분할하여 지급하는 것을 말한다.

① 1개   ② 2개   ③ 3개
④ 4개   ⑤ 5개

19 아래의 자료를 기초로 제조업을 영위하고 있는 비상장 A법인의 주주인 甲이 「지방세기본법」 제46조 제2호에 따른 과점주주 중 대통령령으로 정하는 과점주주가 됨으로써 과세되는 취득세의 과세표준은 얼마인가?(다만, A법인 보유자산 중 취득세가 비과세·감면되는 부분은 없으며, 甲과 특수관계에 있는 다른 주주는 없다고 가정함)

> <A법인의 증자 전 자산가액 및 주식발행 현황>
> ㉠ 증자 전 자산가액(「지방세법」상 취득세 과세표준임)
>   • 건물 : 10억원
>   • 토지 : 20억원
>   • 차량 : 2억원
>   • 기계장비 : 8억원
> ㉡ 주식발행 현황
>   • 2021년 3월 10일 설립시 발행주식총수 : 1,000,000주
>   • 2024년 9월 30일 증자 후 발행주식총수 : 2,000,000주
> <甲의 A법인 주식취득 현황>
> ㉠ 2021년 3월 10일 A법인 설립시 400,000주 취득
> ㉡ 2024년 9월 30일 증자로 800,000주 추가취득

① 3억원   ② 4억원   ③ 24억원
④ 30억원   ⑤ 40억원

02 취득세 납세의무자 등

① 등기 등을 하지 아니한 경우라도 사실상 취득 : 소유자 또는 양수인
② 주체구조부 취득자 외의 자가 가설한 경우 : 주체구조부 취득자
③ 토지 지목변경 등 : 변경시점의 소유자. 이 경우 환지계획에 따라 공급되는 환지는 조합원이, 체비지 또는 보류지는 사업시행자가 각각 취득한 것으로 봄
④ 과점주주(연대납세의무)
⑤ 상속 : 상속인 각자(연대납세의무)
⑥ 조합주택용 부동산 : 조합원
⑦ 차량 등을 임차하여 수입하는 경우 : 수입하는 자
⑧ 택지공사가 준공된 토지에 정원 등을 조성·설치하는 경우 : 토지의 소유자
⑨ 건축물을 건축하면서 그 건축물에 부수되는 정원 등을 조성·설치하는 경우 : 건축물을 취득하는 자
⑩ 신탁재산의 위탁자 지위의 이전이 있는 경우 : 새로운 위탁자
⑪ 乙이 채권확보를 위하여 甲 소유의 미등기건물에 등기 : 甲
⑫ 도시개발사업 등의 시행으로 부동산의 소유자가 환지계획 등에 따라 공급받는 경우 등 : 건축물은 원시취득한 것으로 보며, 토지의 경우에는 승계취득한 것으로 봄. 이 경우 토지는 초과한 면적에 해당하는 부분에 한정하여 취득한 것으로 봄

채권자대위자의 신고납부

① 채권자대위자는 납세의무자를 대위하여 부동산의 취득에 대한 취득세를 신고납부할 수 있음. 이 경우 채권자대위자는 납부확인서를 발급받을 수 있음
② 지방자치단체의 장은 채권자대위자의 신고납부가 있는 경우 납세의무자에게 그 사실을 즉시 통보하여야 함

취득세 납세의무자

① 부동산의 취득은 「민법」 등 관계 법령에 따른 <u>등기를 하지 아니한 경우라도</u> <u>사실상 취득</u>하면 취득한 것으로 본다. (   ) (2021년 제32회)
② 「도시개발법」에 따른 환지방식에 의한 도시개발사업의 시행으로 토지의 지목이 사실상 변경됨으로써 그 가액이 증가한 경우에는 그 환지계획에 따라 공급되는 환지는 <u>사업시행자</u>가, 체비지 또는 보류지는 <u>조합원</u>이 각각 취득한 것으로 본다. (   ) (2023년 제34회)
③ 상속으로 인하여 단독주택을 상속인이 공동으로 취득하는 경우에는 <u>상속인 각자</u>가 상속받는 취득물건을 취득한 것으로 보고, 공동상속인이 그 취득세를 <u>연대하여 납부할 의무</u>를 진다. (   ) (2023년 제34회)
④ 「주택법」에 따른 주택조합이 해당 조합원용으로 취득하는 <u>조합주택용 부동산(조합원에게 귀속되지 아니하는 부동산은 제외)</u>은 그 <u>조합원</u>이 취득한 것으로 본다. (   ) (2016년 제27회)
⑤ 차량, 기계장비, 항공기 및 주문을 받아 건조하는 선박은 원시취득인 경우에만 해당한다. (   )

족집게문제

20 「지방세법」상 취득세의 납세의무자 등과 신고 및 납부에 관한 설명으로 틀린 것은?

① 「신탁법」 제10조에 따라 신탁재산의 위탁자 지위의 이전이 있는 경우에는 새로운 위탁자가 해당 신탁재산을 취득한 것으로 본다. 다만, 위탁자 지위의 이전에도 불구하고 신탁재산에 대한 실질적인 소유권 변동이 있다고 보기 어려운 경우로서 대통령령으로 정하는 경우에는 그러하지 아니하다.

② 건축물 중 조작 설비, 그 밖의 부대설비에 속하는 부분으로서 그 주체구조부와 하나가 되어 건축물로서의 효용가치를 이루고 있는 것에 대하여는 주체구조부 취득자 외의 자가 가설한 경우에도 주체구조부의 취득자가 함께 취득한 것으로 본다.

③ 건축물을 건축하면서 그 건축물에 부수되는 정원 또는 부속시설물 등을 조성·설치하는 경우에는 그 정원 또는 부속시설물 등은 건축물에 포함되는 것으로 보아 건축물을 취득하는 자가 취득한 것으로 본다.

④ 「주택법」에 따른 주택조합과 「도시 및 주거환경정비법」에 따른 주택재건축조합이 해당 조합원용으로 취득하는 조합주택용 부동산은 그 조합원이 취득한 것으로 본다. 다만, 조합원에게 귀속되지 아니하는 부동산은 제외한다.

⑤ 「부동산등기법」 제28조에 따라 채권자대위권에 의한 등기신청을 하려는 채권자대위자는 납세의무자를 대위하여 부동산의 취득에 대한 취득세를 신고납부할 수 없다.

21 「지방세법」상 취득세의 납세의무자 등에 관한 설명으로 틀린 것은?

① 「도시개발법」에 따른 도시개발사업과 「도시 및 주거환경정비법」에 따른 정비사업의 시행으로 해당 사업의 대상이 되는 부동산의 소유자(상속인을 포함)가 환지계획 또는 관리처분계획에 따라 공급받거나 토지상환채권으로 상환받는 건축물은 그 소유자가 원시취득한 것으로 보며, 토지의 경우에는 그 소유자가 승계취득한 것으로 본다. 이 경우 토지는 당초 소유한 토지 면적을 초과하는 경우로서 그 초과한 면적에 해당하는 부분에 한정하여 취득한 것으로 본다.

② 매매계약 체결 후 사실상 취득이 이루어지기 전에 매도자가 사망하고 매수자에게 소유권이전등기가 되는 경우 상속인에게 상속에 따른 취득세 납세의무가 없다.

③ 취득세는 부동산, 차량, 기계장비, 항공기, 선박, 입목, 광업권, 어업권, 양식업권, 골프회원권, 승마회원권, 콘도미니엄 회원권, 종합체육시설 이용회원권 또는 요트회원권을 취득한 자에게 부과한다.

④ 甲 소유의 미등기건물에 대하여 乙이 채권확보를 위하여 법원의 판결에 의한 소유권보존등기를 甲의 명의로 등기할 경우의 취득세 납세의무는 甲에게 있다.

⑤ 「공간정보의 구축 및 관리 등에 관한 법률」 제67조에 따른 대 중 관계 법령에 따른 택지공사가 준공된 토지에 정원 또는 부속시설물 등을 조성·설치하는 경우에는 그 정원 또는 부속시설물 등은 토지에 포함되는 것으로서 토지의 지목을 사실상 변경하는 것으로 보아 토지의 소유자가 취득한 것으로 본다.

03 취득의 유형

(1) 배우자 또는 직계존비속의 취득
① 원칙: 증여
② 유상: 공매[경매 포함], 파산선고, 교환, 대가지급[소득 증명, 소유재산 처분 또는 담보, 상속 또는 수증 재산] 등

(2) 부담부증여: 배우자 또는 직계존비속은 (1)을 준용
① 채무액: 유상
② 채무액을 제외한 부분: 증여

(3) 상속재산을 재분할한 결과 특정 상속인이 당초 상속분을 초과하여 취득하게 되는 재산가액
① 원칙: 상속분이 감소한 상속인으로부터 증여받아 취득한 것으로 봄
② 예외: 다음의 어느 하나에 해당하는 경우에는 상속
  ㉠ 취득세 신고·납부기한 내에 재분할에 의한 취득과 등기 등을 모두 마친 경우
  ㉡ 상속회복청구의 소에 의한 법원의 확정판결에 의하여 상속인 및 상속재산에 변동이 있는 경우
  ㉢ 민법 제404조에 따른 채권자대위권의 행사에 의하여 공동상속인들의 법정상속분대로 등기 등이 된 상속재산을 상속인사이의 협의분할에 의하여 재분할하는 경우

취득의 유형

① 직계비속이 공매를 통하여 직계존속의 부동산을 취득하는 경우 유상으로 취득한 것으로 본다. ( ) (2016년 제27회)
② 파산선고로 인하여 처분되는 부동산을 취득한 경우에는 취득세를 부과하지 아니한다. ( ) (2019년 제30회)
③ 직계비속이 권리의 이전에 등기가 필요한 직계존속의 부동산을 서로 교환한 경우 무상으로 취득한 것으로 본다. ( ) (2021년 제32회)
④ 형제자매인 증여자의 채무를 인수하는 부동산의 부담부증여의 경우에는 그 채무액에 상당하는 부분은 부동산을 유상으로 취득하는 것으로 본다. ( ) (2023년 제34회)
⑤ 상속회복청구의 소에 의한 법원의 확정판결에 의하여 특정 상속인이 당초 상속분을 초과하여 취득하게 되는 재산가액은 상속분이 감소한 상속인으로부터 증여받아 취득한 것으로 본다. ( ) (2021년 제32회)

04 취득세의 과세대상

① 부동산: 토지, 건축물
② 부동산에 준하는 것: 차량, 기계장비, 입목, 항공기, 선박
③ 각종 권리: 광업권, 어업권, 양식업권, 골프회원권, 승마회원권, 콘도미니엄회원권, 종합체육시설이용회원권, 요트회원권

족집게문제

22 「지방세법」상 취득세에서 부동산의 유상취득으로 보는 것은 모두 몇 개인가?

> ㉠ 직계존속과 직계비속이 권리의 이전이나 행사에 등기가 필요한 부동산을 서로 교환한 경우
> ㉡ 직계비속이 소유재산을 담보한 금액으로 직계존속의 부동산을 취득한 경우
> ㉢ 직계비속이 이미 증여세를 과세(비과세 또는 감면받은 경우를 포함)받았거나 신고한 경우로서 그 수증 재산의 가액으로 직계존속의 부동산을 취득한 경우
> ㉣ 직계존속이 파산선고로 인하여 처분되는 직계비속의 부동산을 취득한 경우
> ㉤ 증여자의 채무를 인수하는 부담부증여의 경우로 그 채무액에 상당하는 부분을 제외한 나머지 부분

① 1개 ② 2개 ③ 3개
④ 4개 ⑤ 5개

05 취득세의 비과세

① 국가 등의 취득. 다만, 대한민국 정부기관에 과세하는 외국정부는 과세
② 국가 등에 귀속 · 기부채납 부동산 및 사회기반시설. 다만, 타인에게 매각 · 증여, 무상사용권을 제공받는 경우 등은 과세
③ 신탁법에 따른 수탁자에게 이전, 위탁자에게 이전, 신수탁자에게 이전. 다만, 조합 등은 과세
④ 「징발재산」 또는 「국가보위」에 따른 환매권
⑤ 1년 이하 + 임시건축물. 다만, 사치성은 과세
⑥ 공동주택 + 개수 + 9억원 이하. 다만, 대수선은 과세
⑦ 천재지변 등 차량 상속

취득세의 비과세

① 대한민국 정부기관의 취득에 대하여 과세하는 외국정부 취득에 대해서는 취득세를 부과한다. (   ) (2021년 제32회)
② 지방자치단체에 귀속 또는 기부채납을 조건으로 부동산을 취득하는 경우로서 지방자치단체에 귀속 등의 조건을 이행하지 아니하고 타인에게 매각 · 증여하거나 귀속 등을 이행하지 아니하는 것으로 조건이 변경된 경우에는 취득세를 부과한다. (   ) (2017년 제28회)
③ 「주택법」에 따른 주택조합이 해당 조합원용으로 조합주택용 부동산을 취득한 경우에는 취득세를 부과하지 아니한다. (   ) (2019년 제30회)
④ 명의신탁해지를 원인으로 하는 취득은 취득세를 부과하지 아니한다. (   )
⑤ 「징발재산정리에 관한 특별조치법」 또는 「국가보위에 관한 특별조치법 폐지법률」에 따른 동원대상지역 내의 토지의 수용 · 사용에 관한 환매권의 행사로 매수하는 부동산의 취득은 취득세를 부과하지 아니한다. (   )

> 환매등기를 병행하는 부동산의 매매로서 환매기간 내에 매도자가 환매한 경우의 그 매도자와 매수자의 취득에 대한 취득세는 표준세율에서 중과기준세율을 뺀 세율로 산출한 금액을 그 세액으로 하되, 유상거래로 주택을 취득하는 경우에는 표준세율에 100분의 50을 곱한 세율을 적용하여 산출한 금액을 그 세액으로 한다.

⑥ 법령이 정하는 고급오락장에 해당하는 임시건축물의 취득에 대하여는 존속기간에 상관없이 취득세를 부과하지 아니한다. (   ) (2012년 제23회)
⑦ 「건축법」상 대수선으로 인해 공동주택을 취득한 경우에는 취득세를 비과세한다. (   ) (2012년 제23회)

족집게문제

23 「지방세법」상 취득세가 부과되지 않는 것으로 옳게 묶인 것은?

> ㉠ 신탁(「신탁법」에 따른 신탁으로서 신탁등기가 병행되는 것만 해당)으로 인한 신탁재산의 취득으로서 신탁의 종료로 인하여 수탁자로부터 위탁자에게 신탁재산을 이전하는 경우
> ㉡ 「주택법」에 따른 공동주택의 개수(「건축법」에 따른 대수선은 제외)로 인한 취득 중 취득 당시 주택의 시가표준액이 9억원 이하인 주택과 관련된 개수로 인한 취득
> ㉢ 이전한 건축물의 가액이 종전 건축물의 가액을 초과하지 아니하는 건축물의 이전으로 인한 취득
> ㉣ 「주택법」에 따른 주택조합이 비조합원용 부동산을 취득하는 경우
> ㉤ 「민법」 제839조의2에 따라 이혼시 재산분할로 인한 취득

① ㉠, ㉡   ② ㉠, ㉡, ㉢   ③ ㉠, ㉡, ㉤
④ ㉠, ㉡, ㉢, ㉣   ⑤ ㉠, ㉡, ㉢, ㉣, ㉤

24 「지방세법」상 취득세가 부과되지 않는 것으로 옳게 묶인 것은?

> ㉠ 환매등기를 병행하는 부동산의 매매로서 환매기간 내에 매도자가 환매한 경우의 그 매도자와 매수자의 취득
> ㉡ 신탁(「신탁법」에 따른 신탁으로서 신탁등기가 병행되는 것만 해당)으로 인한 신탁재산의 취득으로서 수탁자가 변경되어 신수탁자에게 신탁재산을 이전하는 경우
> ㉢ 등기부등본상 본인 지분을 초과하지 아니하는 공유물·합유물의 분할로 인한 취득
> ㉣ 대한민국 정부기관의 취득에 대하여 과세하는 외국정부의 취득
> ㉤ 무덤과 이에 접속된 부속시설물의 부지로 사용되는 토지로서 지적공부상 지목이 묘지인 토지의 취득

① ㉡   ② ㉠, ㉡   ③ ㉠, ㉡, ㉢
④ ㉠, ㉡, ㉢, ㉣   ⑤ ㉠, ㉡, ㉢, ㉣, ㉤

06 취득의 시기

① 유상
　㉠ 사실상의 잔금지급일
　㉡ 신고를 하면서 사실상의 잔금지급일을 확인할 수 있는 자료를 제출하지 않는 경우: 계약상의 잔금지급일[명시되지 않은 경우: 계약일부터 60일이 경과한 날]
　㉢ 계약해제: ㉠ 및 ㉡에도 불구하고 해당 취득물건을 등기·등록하지 않고 취득일부터 60일 이내에 계약이 해제된 사실이 입증되는 경우에는 취득한 것으로 보지 않음
　㉣ ㉠과 ㉡의 취득시기 전에 등기 또는 등록: 등기일 또는 등록일
② 연부
　㉠ 연부(취득가액의 총액이 면세점의 적용을 받는 것은 제외): 사실상의 연부금지급일
　㉡ ㉠의 취득시기 전에 등기 또는 등록: 등기일 또는 등록일
③ 무상
　㉠ 상속 또는 유증: 상속 또는 유증개시일
　㉡ 증여 등 무상취득: 계약일. 다만, 계약일 전에 등기 또는 등록: 등기일 또는 등록일
　㉢ 계약해제: 해당 취득물건을 등기·등록하지 않고 취득일이 속하는 달의 말일부터 3개월 이내에 계약이 해제된 사실이 입증되는 경우에는 취득한 것으로 보지 않음
④ 건축·개수: 사용승인서를 내주는 날(임시사용승인일, 무허가는 사실상 사용이 가능한 날)과 사실상의 사용일 중 빠른 날
⑤ 조합원에게 귀속되지 아니하는 토지
　㉠ 주택조합: 사용검사를 받은 날
　㉡ 재건축조합 등: 소유권이전고시일의 다음 날
⑥ 매립·간척: 공사준공인가일. 다만, 공사준공인가일 전에 승낙 등을 받은 경우는 사용승낙일·허가일 또는 사실상 사용일 중 빠른 날
⑦ 토지의 지목변경: 사실상 변경된 날과 공부상 변경된 날 중 빠른 날. 다만, 지목변경일 이전에 사용하는 부분은 사실상의 사용일
⑧ 점유: 등기일 또는 등록일
⑨ 이혼시 재산분할: 등기일 또는 등록일

취득의 시기

① 해당 취득물건을 등기·등록하지 않고 화해조서·인낙조서(해당 조서에서 취득일부터 60일 이내에 계약이 해제된 사실이 입증되는 경우만 해당)로 계약이 해제된 사실이 입증되는 유상승계취득의 경우에는 취득한 것으로 보지 않는다. (　)
② 부동산의 증여계약으로 인한 취득에 있어서 소유권이전등기를 하지 않고 계약일이 속하는 달의 말일부터 3개월 이내에 공증받은 공정증서로 계약이 해제된 사실이 입증되는 경우에는 취득한 것으로 보지 않는다. (　) (2023년 제34회)
③ 「민법」 제245조 및 제247조에 따른 점유로 인한 취득의 경우에는 취득물건의 등기일 또는 등록일을 취득일로 본다. (　)

족집게문제

25 「지방세법」상 취득의 시기 등에 관한 설명으로 옳은 것은?

① 「민법」 제245조 및 제247조에 따른 점유로 인한 취득의 경우: 점유를 개시한 날

② 건축물을 건축하여 취득하는 경우: 사실상의 사용일에 관계없이 사용승인서를 내주는 날

③ 「도시 및 주거환경정비법」 제35조 제3항에 따른 재건축조합이 재건축사업을 하면서 조합원으로부터 취득하는 토지 중 조합원에게 귀속되지 아니하는 토지를 취득하는 경우: 소유권이전 고시일

④ 토지의 지목변경에 따른 취득: 토지의 지목이 사실상 변경된 날. 다만, 사실상 변경된 날이 불분명한 경우에는 공부상 지목이 변경된 날

⑤ 「민법」 제839조의2 및 제843조에 따른 재산분할로 인한 취득의 경우: 취득물건의 등기일 또는 등록일

26 「지방세법」상 취득의 시기에 관한 설명으로 틀린 것은?

① 증여를 원인으로 취득한 부동산: 그 계약일과 등기일 중 빠른 날

② 연부로 취득하는 부동산(취득가액의 총액이 면세점의 적용을 받는 것은 제외): 그 사실상의 연부금 지급일과 등기일 중 빠른 날

③ 매립·간척 등으로 원시취득하는 토지: 공사준공인가일. 다만, 공사준공인가일 전에 사용승낙·허가를 받거나 사실상 사용하는 경우에는 사용승낙일·허가일 또는 사실상 사용일 중 빠른 날

④ 신고인이 제출한 자료로 사실상의 잔금지급일을 확인할 수 없는 부동산의 유상승계취득: 계약상의 잔금지급일(다만, 계약상 잔금 지급일이 명시되지 않은 경우에는 계약일부터 90일이 경과한 날을 말함)과 등기일 중 빠른 날

⑤ 「주택법」 제11조에 따른 주택조합이 주택건설사업을 하면서 조합원으로부터 취득하는 토지 중 조합원에게 귀속되지 아니하는 토지의 취득: 「주택법」 제49조에 따른 사용검사를 받은 날

[07] 취득세의 과세표준

(1) 취득당시가액 : 연부취득은 연부금액(매회 사실상 지급되는 금액, 계약보증금 포함)
① 유상승계취득 : 매매 또는 교환 등
　　㉠ 원칙 : 사실상취득가격
　　㉡ 부당행위계산 : 시가인정액을 취득당시가액으로 결정할 수 있음
② 무상 : 시가인정액. 다만, 상속은 시가표준액
③ 부담부증여 : 채무부담액은 유상승계취득에서의 과세표준을 적용, 시가인정액에서 채무부담액을 뺀 잔액은 무상취득에서의 과세표준을 적용
④ 원시취득과 개수 : 사실상취득가격. 다만, 법인이 아닌 자가 건축물을 건축하여 취득하는 경우로서 사실상취득가격을 확인할 수 없는 경우에는 시가표준액
⑤ 토지의 지목을 사실상 변경한 경우 : 그 변경으로 증가한 가액에 해당하는 사실상취득가격. 다만, 사실상취득가격을 확인할 수 없는 경우에는 지목변경 이후의 토지에 대한 시가표준액에서 지목변경 전의 토지에 대한 시가표준액을 뺀 가액

취득세의 과세표준

① 취득물건에 대한 시가표준액이 1억원 이하인 부동산등을 무상취득(상속의 경우는 제외)하는 경우에는 시가인정액과 시가표준액 중에서 납세자가 정하는 가액을 취득당시가액으로 한다. (　　)

족집게문제

27 「지방세법」상 취득세의 과세표준에 관한 설명으로 틀린 것은?

① 부동산을 유상거래로 승계취득하는 경우 취득당시가액은 취득시기 이전에 해당 물건을 취득하기 위하여 납세의무자 등이 거래 상대방이나 제3자에게 지급하였거나 지급하여야 할 일체의 비용으로서 사실상취득가격으로 한다.

② 지방자치단체의 장은 특수관계인 간의 유상거래로 그 취득에 대한 조세부담을 부당하게 감소시키는 행위 또는 계산을 한 것으로 인정되는 경우에는 시가인정액을 취득당시가액으로 결정할 수 있다. 여기서 부당행위계산은 특수관계인으로부터 시가인정액보다 낮은 가격으로 부동산을 취득한 경우로서 시가인정액과 사실상취득가격의 차액이 3억원 이상이거나 시가인정액의 100분의 5에 상당하는 금액 이상인 경우로 한다.

③ 부동산을 상속으로 무상취득하는 경우 취득당시가액은 시가표준액으로 한다.

④ 법인이 아닌 자가 건축물을 건축하여 원시취득하는 경우로서 사실상취득가격을 확인할 수 없는 경우의 취득당시가액은 시가인정액으로 한다.

⑤ 증여자의 채무를 인수하는 부담부 증여의 경우 채무부담액에 대해서는 유상승계취득에서의 과세표준을 적용하고, 취득물건의 시가인정액에서 채무부담액을 뺀 잔액에 대해서는 무상취득에서의 과세표준을 적용한다.

28 「지방세법」상 취득세의 과세표준에 관한 설명으로 틀린 것은?

① 특수관계인으로부터 시가인정액이 10억원인 토지를 9억원에 유상승계취득한 경우 사실상취득가격인 9억원이 취득세의 과세표준이다.

② 법인이 아닌 자가 토지의 지목을 사실상 변경한 경우로서 사실상취득가격을 확인할 수 없는 경우 취득당시가액은 토지의 지목이 사실상 변경된 때를 기준으로 지목변경 이후의 토지에 대한 시가표준액에서 지목변경 전의 토지에 대한 시가표준액을 뺀 가액으로 한다.

③ 양도담보에 따른 취득의 경우 취득당시가액은 양도담보에 따른 채무액(채무액 외에 추가로 지급한 금액이 있는 경우 그 금액을 포함)으로 한다. 다만, 그 채무액이 시가인정액보다 적은 경우 취득당시가액은 시가인정액으로 한다.

④ 부동산등을 한꺼번에 취득하여 각 과세물건의 취득 당시의 가액이 구분되지 않는 경우에는 한꺼번에 취득한 가격을 각 과세물건별 시가표준액 비율로 나눈 금액을 각각의 취득 당시의 가액으로 한다.

⑤ "시가인정액"이란 취득일 전 6개월부터 취득일 후 3개월 이내의 기간에 취득 대상이 된 부동산등에 대하여 "매매등" 사실이 있는 경우의 가액을 말한다.

07 취득세의 과세표준

(2) 사실상취득가격의 범위

구 분		포 함		불포함	
		법 인	개 인	법 인	개 인
직접비용 : 계약금, 중도금, 잔금		○	○		
간접비용	건설자금이자	○			○
	할부·연부이자 및 연체료	○			○
	의무	○	○		
	필요	○	○		
	약정	○	○		
	채권 매각차손(금융회사 한도)	○	○		
	중개보수	○			○
	설치비용	○	○		
	판매			○	○
	전기·가스·열			○	○
	별개			○	○
	부가가치세			○	○
할인금액				○	○

(3) 시가인정액의 산정 : 취득일 전 6개월부터 취득일 후 3개월 이내의 기간

> ① 매매 : 거래가액. 다만, 부당은 제외
> ② 감정가액 : 감정가액의 평균액
> ③ 경매 또는 공매 : 경매가액 또는 공매가액

취득세의 과세표준

> ① 취득대금을 일시급 등으로 지급하여 일정액을 할인받은 경우에는 그 할인된 금액으로 하고, 법인이 아닌 자가 취득한 경우에는 건설자금에 충당한 차입금의 이자 또는 이와 유사한 금융비용, 할부 또는 연부 계약에 따른 이자 상당액 및 연체료 또는 「공인중개사법」에 따른 공인중개사에게 지급한 중개보수의 금액을 제외한 금액으로 한다. (   )
> ② 취득대금을 일시급으로 지급하여 일정액을 할인받은 경우 그 할인금액은 사실상취득가격에 포함하지 아니한다. (   ) (2010년 제21회)

족집게문제

29 「지방세법」상 부동산의 취득세 과세표준을 사실상취득가격으로 하는 경우 이에 포함될 수 있는 항목을 모두 고른 것은?(단, 아래 항목은 개인이 법인으로부터 시가로 유상취득하기 위하여 취득시기 이전에 지급하였거나 지급하여야 할 것으로 가정함)

> ㉠ 「공인중개사법」에 따른 공인중개사에게 지급한 중개보수
> ㉡ 할부 또는 연부 계약에 따른 이자상당액 및 연체료
> ㉢ 「전기사업법」, 「도시가스사업법」, 「집단에너지사업법」, 그 밖의 법률에 따라 전기·가스·열 등을 이용하는 자가 분담하는 비용
> ㉣ 취득에 필요한 용역을 제공받은 대가로 지급하는 용역비·수수료
> ㉤ 붙박이 가구·가전제품 등 건축물에 부착되거나 일체를 이루면서 건축물의 효용을 유지 또는 증대시키기 위한 설비·시설 등의 설치비용

① ㉣, ㉤
② ㉠, ㉡, ㉢
③ ㉡, ㉣, ㉤
④ ㉠, ㉢, ㉣, ㉤
⑤ ㉠, ㉡, ㉢, ㉣, ㉤

30 법인인 (주)합격은 다음과 같은 내용으로 법인인 (주)양도로부터 건물을 취득하였다. 이 때 (주)합격의 취득세 과세표준은 얼마인가?(단, 직접비용과 간접비용은 취득시기 이전에 지급하였거나 지급하여야 할 것으로 가정함)

> (1) 계약총액 22억원(부가가치세 2억원 포함)
> ㉠ 계약금 2억원
> ㉡ 중도금 3억원
> ㉢ 잔금 17억원
> (2) (주)합격이 건물취득과 관련하여 지출한 간접비용
> ㉠ 취득대금 외에 당사자 약정에 의한 취득자 조건 부담액 5천만원
> ㉡ 취득에 필요한 용역을 제공받은 대가로 지급하는 용역비 3천만원
> ㉢ 부동산을 취득하는 경우 매입한 국민주택채권을 금융회사에 양도함으로써 발생하는 매각차손 1천만원
> ㉣ 취득하는 물건의 판매를 위한 광고선전비 1천만원
> ㉤ 「공인중개사법」에 따른 공인중개사에게 지급한 중개보수 2천만원

① 20억원
② 20억 9천만원
③ 21억 1천만원
④ 22억 9천만원
⑤ 23억 1천만원

08 취득세의 세율

(1) 취득세의 표준세율

취득 원인			표준세율
유 상	주 택	6억원 이하	1천분의 10
		6억원 초과 9억원 이하	$[($취득가액 $\times 2/3$억원$) - 3] \times 1/100$
		9억원 초과	1천분의 30
	농지		1천분의 30
	그 이외 부동산		1천분의 40
상 속	농지		1천분의 23
	농지 이외 부동산		1천분의 28
상속 이외	비영리사업자		1천분의 28
	비영리사업자 외		1천분의 35
원시			1천분의 28
공유물의 분할 등(본인 지분 초과 부분은 제외)			1천분의 23
합유물 및 총유물의 분할			1천분의 23

(2) **표준세율 적용시 유의사항**
① 조례로 **표준세율**의 100분의 50의 범위에서 가감할 수 있음
② **교환**: 유상승계취득의 세율을 적용
③ 건축[**신축과 재축은 제외**]또는 개수로 인하여 건축물 면적이 증가할 때 그 증가된 부분: 원시취득으로 보아 세율 적용
④ 둘 이상의 세율: 높은 세율을 적용
⑤ 부동산이 공유물: 그 취득지분의 가액을 과세표준으로 하여 각각의 세율을 적용
⑥ 주택을 신축 또는 증축한 이후 해당 주거용 건축물의 소유자(배우자 및 직계존비속을 포함)가 해당 주택의 부속토지를 취득하는 경우: 유상거래를 원인으로 하는 주택 취득의 세율을 적용하지 아니함
⑦ 법인이 합병 또는 분할에 따라 부동산을 취득하는 경우: 유상거래에 따른 농지는 1천분의 30, 농지 외의 것은 1천분의 40

취득세의 표준세율

① 「지방세법」상 **공유농지**를 **분할**로 취득하는 경우 자기소유지분에 대한 취득세 과세표준의 표준세율은 1천분의 23이다. (　) (2016년 제27회)
② 「지방세법」상 농지를 상호 **교환**하여 소유권이전등기를 할 때 적용하는 취득세 표준세율은 1천분의 30이다. (　) (2013년 제24회)
③ **건축**(신축과 재축은 **제외**)으로 인하여 건축물 면적이 증가할 때에는 <u>그 증가된 부분</u>에 대하여 <u>원시취득</u>으로 보아 해당 세율을 적용한다. (　) (2015년 제26회)

족집게문제

31 「지방세법」상 취득세의 표준세율에 관한 설명으로 옳은 것은?

① 지방자치단체의 장은 조례로 정하는 바에 따라 취득세의 세율을 표준세율의 100분의 60의 범위에서 가감할 수 있다.

② 부동산을 상호 교환하여 소유권이전등기를 하는 것은 무상승계취득에 해당하는 세율을 적용한다.

③ 건축(신축과 재축은 제외) 또는 개수로 인하여 건축물 면적이 증가할 때에는 그 전체 면적을 원시취득으로 보아 세율을 적용한다.

④ 「사회복지사업법」에 따라 설립된 사회복지법인이 독지가의 기부에 의하여 건물을 취득한 경우에는 과세표준에 1천분의 28의 세율을 적용한다.

⑤ 주택을 신축 또는 증축한 이후 해당 주거용 건축물의 소유자(배우자 및 직계존비속을 포함)가 해당 주택의 부속토지를 취득하는 경우에는 유상거래를 원인으로 하는 주택에 대한 세율을 적용한다.

32 「지방세법」상 취득세의 표준세율이 동일한 것으로 묶인 것은?

┌───┐
ㄱ 상속으로 상업용 건물의 취득
ㄴ 비영리사업자가 증여로 농지를 취득
ㄷ 원시취득
ㄹ 총유물의 분할로 인한 취득
ㅁ 주택을 소유하지 않은 1세대가 유상거래를 원인으로 취득당시가액이 5억원인 주택을 취득
└───┘

① ㄱ, ㄴ, ㄷ ② ㄴ, ㄹ, ㅁ ③ ㄴ, ㄷ, ㅁ
④ ㄴ, ㄷ, ㄹ ⑤ ㄱ, ㄴ, ㄹ

08 취득세의 세율

(3) 주택 취득 등 중과세율 적용시 주택 수 판단

구 분		주택 수	
		포 함	불포함
주택의 공유지분		○	
주택의 부속토지		○	
신탁법에 따라 신탁된 주택	위탁자	○	
	수탁자		○
조합원입주권		○	
주택분양권		○	
주택으로 과세하는 오피스텔		○	

족집게문제

33 「지방세법」상 취득세의 법인의 주택 취득 등 중과와 주택 수의 판단 범위에 관한 설명으로 틀린 것은?(단, 주택 유상거래 취득 중과세의 예외대상은 아니라고 가정함)

① 법인이 주택을 유상으로 취득하는 경우에는 1천분의 40에 중과기준세율의 100분의 400을 합한 세율을 적용한다.

② 1세대 2주택(대통령령으로 정하는 일시적 2주택은 제외)에 해당하는 주택으로서 조정대상지역에 있는 주택을 유상으로 취득하는 경우 또는 1세대 3주택에 해당하는 주택으로서 조정대상지역 외의 지역에 있는 주택을 유상으로 취득하는 경우에는 1천분의 40에 중과기준세율의 100분의 200을 합한 세율을 적용한다.

③ 1세대 3주택 이상에 해당하는 주택으로서 조정대상지역에 있는 주택을 유상으로 취득하는 경우 또는 1세대 4주택 이상에 해당하는 주택으로서 조정대상지역 외의 지역에 있는 주택을 유상으로 취득하는 경우에는 1천분의 40에 중과기준세율의 100분의 400을 합한 세율을 적용한다.

④ 조정대상지역에 있는 주택으로서 취득 당시 시가표준액(지분이나 부속토지만을 취득한 경우에는 전체 주택의 시가표준액을 말함)이 3억원 이상인 주택을 상속 외의 무상취득을 원인으로 취득하는 경우에는 1천분의 40에 중과기준세율의 100분의 400을 합한 세율을 적용한다. 다만, 1세대 1주택자가 소유한 주택을 배우자 또는 직계존비속이 무상취득하는 등 대통령령으로 정하는 경우는 제외한다.

⑤ 법인의 주택 취득 등 중과 적용시 주택의 공유지분이나 부속토지만을 소유하거나 취득하는 경우 주택을 소유하거나 취득한 것으로 보지 아니한다.

34 「지방세법」상 취득세의 법인의 주택 취득 등 중과 적용시 주택 수의 판단 범위에 관한 설명으로 옳은 것은 모두 몇 개인가?

> ⊙ 「신탁법」에 따라 신탁된 주택은 수탁자의 주택 수에 가산한다.
> ⓒ 「도시 및 주거환경정비법」제74조에 따른 관리처분계획의 인가 및 「빈집 및 소규모주택 정비에 관한 특례법」제29조에 따른 사업시행계획인가로 인하여 취득한 조합원입주권은 해당 주거용 건축물이 멸실된 경우라도 해당 조합원입주권 소유자의 주택 수에 가산한다.
> ⓒ 「부동산 거래신고 등에 관한 법률」제3조 제1항 제2호에 따른 주택분양권은 해당 주택분양권을 소유한 자의 주택 수에 가산하지 아니한다.
> ② 주택으로 과세하는 오피스텔은 해당 오피스텔을 소유한 자의 주택 수에 가산한다.

① 0개   ② 1개   ③ 2개
④ 3개   ⑤ 4개

08 취득세의 세율

(4) 사치성 재산 등에 대한 중과세율

> ① 사치성 재산[회원제 골프장, 고급오락장, 고급선박, 고급주택] : 표준세율 + 중과기준세율의 100분의 400
> ㉠ 토지의 경계가 명확하지 아니할 때 : 건축물 바닥면적의 10배
> ㉡ 중과에서 제외되는 용도변경공사 : 60일[상속은 상속개시일이 속하는 달의 말일부터 6개월(외국 9개월)]
> ② 과밀억제권역 : 본점[영리법인] · 주사무소[비영리법인] + 공장
> ③ 대도시 : 법인의 설립, 지점 등의 설치, 대도시로 전입에 따른 부동산
> ㉠ 휴면법인 인수 포함
> ㉡ 중과제외대상 : 은행업, 할부금융업 등 대도시 중과 제외 업종 부동산

사치성 재산 등에 대한 중과세율

> ① 고급오락장용 건축물을 취득한 날부터 90일[상속으로 인한 경우는 상속개시일이 속하는 달의 말일부터, 실종으로 인한 경우는 실종선고일이 속하는 달의 말일부터 각각 6개월(납세자가 외국에 주소를 둔 경우에는 각각 9개월)] 이내에 고급오락장이 아닌 용도로 사용하거나 고급오락장이 아닌 용도로 사용하기 위하여 용도변경공사를 착공하는 경우는 고급오락장용 건축물에서 제외한다. (   )
> ② 1구의 건물에 적재하중 200킬로그램를 초과하는 엘리베이터가 설치되고 취득 당시 개별주택가격이 9억원을 초과하는 단독주택과 부속토지는 고급주택이다. (   )
> ③ 1구의 건물에 에스컬레이터나 67제곱미터 이상의 수영장 중 1개 이상의 시설이 설치된 단독주택과 그 부속토지는 고급주택이다. (   )
> ④ 「한국은행법」 및 「한국수출입은행법」에 따른 은행업과 「여신전문금융업법」 제2조 제12호에 따른 할부금융업 등 대도시 중과 제외 업종에 직접 사용할 목적으로 부동산을 취득하는 경우의 취득세는 표준세율을 적용한다. (   )

족집게문제

35 「지방세법」상 표준세율과 중과기준세율의 100분의 400을 합한 세율을 적용하여 계산한 금액을 그 세액으로 하는 취득세의 과세대상에 관한 설명으로 틀린 것은?

① 고급오락장·고급주택에 부속된 토지의 경계가 명확하지 아니할 때에는 그 건축물 바닥면적의 10배에 해당하는 토지를 그 부속토지로 본다.

② 골프장·고급주택·고급오락장 또는 고급선박을 2명 이상이 구분하여 취득하거나 1명 또는 여러 명이 시차를 두고 구분하여 취득하는 경우는 중과세대상에서 제외한다.

③ 주거용 건축물을 취득한 날부터 60일[상속으로 인한 경우는 상속개시일이 속하는 달의 말일부터, 실종으로 인한 경우는 실종선고일이 속하는 달의 말일부터 각각 6개월(납세자가 외국에 주소를 둔 경우에는 각각 9개월)] 이내에 주거용이 아닌 용도로 사용하거나 고급주택이 아닌 용도로 사용하기 위하여 용도변경공사를 착공하는 경우는 제외한다.

④ 토지나 건축물을 취득한 후 5년 이내에 해당 토지나 건축물이 골프장, 고급주택 또는 고급오락장에 해당하게 된 경우에는 해당 중과세율을 적용하여 취득세를 추징한다.

⑤ 고급주택, 골프장 또는 고급오락장용 건축물을 증축·개축 또는 개수한 경우와 일반건축물을 증축·개축 또는 개수하여 고급주택 또는 고급오락장이 된 경우에 그 증가되는 건축물의 가액에 대하여 중과세율을 적용한다.

36 「지방세법」상 대도시에서 법인의 설립 등에 따른 부동산 취득에 대한 취득세의 중과세율에 관한 설명으로 틀린 것은?(단, 다른 중과세대상은 고려하지 아니함)

① 표준세율의 100분의 300에서 중과기준세율의 100분의 200을 뺀 세율을 적용한다. 다만, 유상거래를 원인으로 주택을 취득하는 경우의 취득세는 표준세율과 중과기준세율의 100분의 200을 합한 세율을 적용한다.

② 「지방세법」상 대도시(과밀억제권역에서 산업단지 제외)에서 법인의 설립 등에 따른 부동산을 취득하는 경우 중과세율의 적용을 받는 대상은 영리법인 뿐만 아니라 비영리법인을 포함한다.

③ 법인 설립에는 휴면법인을 인수하는 경우를 포함하지 아니하고, 수도권의 경우 서울특별시 외의 지역에서 서울특별시로의 전입은 대도시로의 전입으로 보지 아니한다.

④ 「의료법」에 따른 의료업 등 대도시 중과 제외 업종에 직접 사용할 목적으로 부동산을 취득하는 경우에는 표준세율을 적용한다.

⑤ 정당한 사유 없이 부동산 취득일부터 1년이 경과할 때까지 대도시 중과 제외 업종에 직접 사용하지 아니하는 경우 또는 부동산 취득일부터 2년 이상 해당 업종에 직접 사용하지 아니하고 매각하는 경우에는 중과세율을 적용한다.

08 취득세의 세율

(5) 취득세 세율의 특례 : 중과기준세율 = 1천분의 20

구 분		세율의 특례	
		표준세율 − 중과기준세율	중과기준세율
환매등기		○	
상 속	1가구 1주택 및 그 부속토지	○	
	감면대상 농지	○	
합 병		○	
공유물 등의 분할	본인 지분	○	
	본인 지분 초과	−	
건축물의 이전	종전 가액	○	
	종전 가액 초과	−	
이 혼	재산분할	○	
	위자료	−	
입 목		○	
개 수	종전 면적		○
	종전 면적 증가		−
지목변경			○
과점주주			○
묘 지			○
임시건축물	1년 초과		○
	1년 이하		−
등록면허세에서 보존 · 이전등기			○
정원 등의 조성 · 설치			○

과 거	(구)취득세 경제 중과기준세율 : 1천분의 20	(구)등록세 등기		(구)면허세
		소유권 등기	소유권 외 등기	
현 재	취득세	등록면허세		

취득세		세율 구조
(구)취득세 경제	(구)등록세 등기	
○	○	표준세율
×	○	세율의 특례 : 표준세율 − 중과기준세율
○	×	세율의 특례 : 중과기준세율

족집게문제

37 「지방세법」상 취득세 표준세율에서 중과기준세율을 뺀 세율로 산출한 금액을 그 세액으로 하되, 유상거래로 주택을 취득하는 경우에는 표준세율에 100분의 50을 곱한 세율을 적용하여 산출한 금액을 그 세액으로 하는 경우가 아닌 것은?(단, 취득물건은 취득세 중과대상이 아님)

① 환매등기를 병행하는 부동산의 매매로서 환매기간 내에 매도자가 환매한 경우의 그 매도자와 매수자의 취득

② 상속으로 취득세의 감면대상이 되는 농지의 취득

③ 공유물·합유물의 분할 또는 「부동산 실권리자명의 등기에 관한 법률」 제2조 제1호 나목에서 규정하고 있는 부동산의 공유권 해소를 위한 지분이전으로 인한 취득(등기부등본상 본인 지분을 초과하는 부분의 경우에는 제외)

④ 무덤과 이에 접속된 부속시설물의 부지로 사용되는 토지로서 지적공부상 지목이 묘지인 토지의 취득

⑤ 「민법」 제834조, 제839조의2 및 제840조에 따른 재산분할로 인한 취득

지분변경이 없는 공유물 분할에 대한 취득세와 양도소득세의 취급

취득세	양도소득세
표준세율－중과기준세율	양도가 아님

이혼시 위자료와 재산분할에 대한 취득세와 양도소득세의 취급

이혼시 위자료		이혼시 재산분할	
취득세	양도소득세	취득세	양도소득세
표준세율	양도	표준세율－중과기준세율	양도가 아님

38 「지방세법」상 중과기준세율을 적용하여 계산한 금액을 그 세액으로 하는 취득세 대상은 모두 몇 개인가?(단, 취득물건은 취득세 중과대상이 아님)

> ㉠ 「공간정보의 구축 및 관리 등에 관한 법률」 제67조에 따른 대(垈) 중 「국토의 계획 및 이용에 관한 법률」 등 관계 법령에 따른 택지공사가 준공된 토지에 정원 또는 부속시설물 등을 조성·설치하는 경우에 따른 토지의 소유자의 취득
> ㉡ 건축물을 건축하여 취득하는 경우로서 그 건축물에 대하여 등록에 대한 등록면허세의 세율규정에 따른 소유권의 보존등기 또는 소유권의 이전등기에 대한 등록면허세 납세의무가 성립한 후 취득세 규정에 따른 취득시기가 도래하는 건축물의 취득
> ㉢ 개수로 인하여 건축물 면적이 증가할 때 그 증가된 부분
> ㉣ 건축물의 이전으로 인한 취득(이전한 건축물의 가액이 종전 건축물의 가액을 초과하지 아니함)
> ㉤ 임시흥행장, 공사현장사무소 등 존속기간이 1년을 초과하는 임시건축물의 취득

① 1개   ② 2개   ③ 3개
④ 4개   ⑤ 5개

09 취득세의 납세절차

(1) 신고납부
① 유상 : 그 취득한 날부터 60일 이내
② 무상(상속은 제외) 및 부담부증여 : 취득일이 속하는 달의 말일부터 3개월 이내
③ 상속(실종) : 상속개시일(실종선고일)이 속하는 달의 말일부터 6개월 이내[외국 : 9개월 이내]
④ 중과세율 적용대상과 부과대상 또는 추징대상 : 60일 이내 + 가산세 제외
⑤ 등기하거나 등록하려는 경우 : 등기 · 등록관서에 접수하는 날까지

(2) 기한 후 신고(= 납기 후의 과세표준 신고)
① 법정신고기한까지 과세표준 신고서를 제출하지 아니한 자 + 결정하여 통지하기 전
② 무신고가산세액의 감면
　　㉠ 1개월 이내 : 100분의 50
　　㉡ 1개월 초과 3개월 이내 : 100분의 30
　　㉢ 3개월 초과 6개월 이내 : 100분의 20

(3) 납세지
① 부동산 소재지
② 납세지가 불분명 : 취득물건의 소재지
③ 둘 이상의 지방자치단체에 걸쳐 있는 경우 : 소재지별로 안분

(4) 취득세의 면세점 : 취득가액이 50만원 이하 + 1년 이내

(5) 보통징수와 가산세
① 보통징수 : 신고 등 의무를 다하지 아니한 경우 또는 일시적 2주택이 3년 내에 종전 주택을 처분하지 못한 경우
② 시가인정액으로 신고한 후 경정하기 전에 수정신고한 경우 : 무신고가산세 및 과소신고가산세를 부과하지 아니함
③ 법인의 장부 등 작성과 보존의무 불이행에 대한 가산세 : 100분의 10
④ 신고를 하지 아니하고 매각하는 경우 : 100분의 80. 다만, 지목변경 등은 제외
⑤ 국가 등의 매각 통보 : 매각일부터 30일 이내
⑥ 등기 · 등록관서의 장의 취득세 미납부 및 납부부족액에 대한 통보 : 다음 달 10일까지

취득세의 납세절차

① 「부동산 거래신고 등에 관한 법률」에 따른 토지거래계약에 관한 허가구역에 있는 토지를 취득하는 경우로서 토지거래계약에 관한 허가를 받기 전에 거래대금을 완납한 경우에는 그 허가일이나 허가구역의 지정 해제일 또는 축소일부터 60일 이내에 그 과세표준액에 해당 세율을 적용하여 산출한 세액을 신고하고 납부하여야 한다. (　)
② 신고 · 납부기한 이내에 재산권과 그 밖의 권리의 취득 · 이전에 관한 사항을 공부에 등기하거나 등록(등재 포함)하려는 경우에는 등기 또는 등록 신청서를 등기 · 등록관서에 접수하는 날까지 취득세를 신고 · 납부하여야 한다. (　) (2022년 제33회)
③ 지방자치단체의 장은 채권자대위자의 신고납부가 있는 경우 납세의무자에게 그 사실을 즉시 통보하여야 한다. (　)

족집게문제

39 「지방세법」상 취득세의 부과·징수에 관한 설명으로 옳은 것은?

① 무상취득(상속은 제외) 또는 증여자의 채무를 인수하는 부담부 증여로 인한 취득의 경우는 취득일부터 3개월 이내에 그 과세표준에 세율을 적용하여 산출한 세액을 신고하고 납부하여야 한다.

② 취득세를 비과세, 과세면제 또는 경감받은 후에 해당 과세물건이 취득세 부과대상 또는 추징 대상이 되었을 때에는 그 사유 발생일부터 30일 이내에 해당 과세표준에 세율을 적용하여 산출한 세액[경감받은 경우에는 이미 납부한 세액(가산세 포함)을 공제한 세액을 말함]을 신고하고 납부하여야 한다.

③ 납세의무자가 신고기한까지 취득세를 시가인정액으로 신고한 후 지방자치단체의 장이 세액을 경정하기 전에 그 시가인정액을 수정신고한 경우에는 무신고가산세 및 과소신고가산세·초과환급신고가산세를 부과하지 아니한다.

④ 지목변경 등 취득으로 보는 과세물건을 신고를 하지 아니하고 매각하는 경우에는 산출세액에 100분의 80을 가산한 금액을 세액으로 하여 보통징수의 방법으로 징수한다.

⑤ 지방자치단체의 장은 취득세 납세의무가 있는 법인이 취득당시가액을 증명할 수 있는 장부와 관련 증거서류를 작성하지 아니한 경우에는 산출세액 또는 부족세액의 100분의 20에 상당하는 금액을 징수하여야 할 세액에 가산한다.

40 「지방세기본법」 및 「지방세법」상 취득세의 면세점과 부과·징수에 관한 설명으로 옳은 것은?

① 등기·등록관서의 장은 등기 또는 등록 후에 취득세가 납부되지 아니하였거나 납부부족액을 발견하였을 때에는 다음 달 20일까지 납세지를 관할하는 시장·군수·구청장에게 통보하여야 한다.

② 일시적 2주택으로 신고하였으나 신규 주택을 취득한 날부터 3년 내에 종전 주택을 처분하지 못하여 1주택으로 되지 아니한 경우에는 산출세액 또는 그 부족세액에 가산세를 합한 금액을 세액으로 하여 보통징수의 방법으로 징수한다.

③ 국가는 취득세 과세물건을 매각하면 매각일부터 60일 이내에 그 물건 소재지를 관할하는 지방자치단체의 장에게 통보하거나 신고하여야 한다.

④ 법정신고기한까지 과세표준 신고서를 제출한 자는 지방자치단체의 장이 「지방세법」에 따라 그 지방세의 과세표준과 세액을 결정하여 통지하기 전에는 기한후신고서를 제출할 수 있다.

⑤ 취득가액이 100만원 이하일 때에는 취득세를 부과하지 아니한다. 이 경우 토지나 건축물을 취득한 자가 그 취득한 날부터 2년 이내에 그에 인접한 토지나 건축물을 취득한 경우에는 각각 그 전후의 취득에 관한 토지나 건축물의 취득을 1건의 토지 취득 또는 1구의 건축물 취득으로 보아 면세점을 적용한다.

03 | 등록에 대한 등록면허세

01 등록 : 다음의 등기나 등록은 포함

① 광업권·어업권 및 양식업권 ② 외국인 소유 물건의 연부 취득
③ 취득세 부과 제척기간이 경과한 물건 ④ 취득세 면세점에 해당하는 물건

등록의 정의

① 취득세 부과제척기간이 경과한 주택의 등기는 등록면허세 납세의무가 있다. ( ) (2018년 제29회)
② 甲이 乙로부터 부동산을 40만원에 취득한 경우 등록면허세 납세의무가 있다. ( ) (2021년 제32회)

02 납세의무자 : 등록을 하는 자(= 등기권리자)

① 전세권
　　㉠ 전세권 설정등기 : 전세권자
　　㉡ 전세권 말소등기 : 전세권설정자
② 근저당권
　　㉠ 근저당권 설정등기 : 근저당권자
　　㉡ 근저당권 말소등기 : 근저당권설정자 또는 말소대상 부동산의 현재 소유자

등록면허세의 납세의무자

① 근저당권 설정등기의 경우 등록면허세의 납세의무자는 근저당권자이다. ( ) (2012년 제23회)
② 근저당권 말소등기의 경우 등록면허세의 납세의무자는 근저당권 설정자 또는 말소대상 부동산의 현재 소유자이다. ( ) (2012년 제23회)
③ 丙이 甲으로부터 전세권을 이전받아 등기하는 경우라면 등록면허세의 납세의무자는 丙이다. ( ) (2018년 제29회)

03 등록면허세의 비과세

① 국가 등이 받는 등록. 다만, 대한민국 정부기관에 과세하는 외국정부는 과세
② 체납으로 인한 압류해제의 등기 등
③ 공무원의 착오로 지번 오기에 대한 경정
④ 묘지인 토지에 관한 등기

등록면허세의 비과세

① 무덤과 이에 접속된 부속시설물의 부지로 사용되는 토지로서 지적공부상 지목이 묘지인 토지에 관한 등기에 대하여는 등록면허세를 부과하지 아니한다. ( ) (2017년 제28회)

족집게문제

41 「지방세법」상 등록에 대한 등록면허세에 관한 설명으로 틀린 것은?

① 등록면허세에서 "등록"이란 재산권과 그 밖의 권리의 설정·변경 또는 소멸에 관한 사항을 공부에 등기하거나 등록하는 것을 말한다.

② 등록면허세에서 "등록"에는 취득세 부과제척기간이 경과한 물건의 등기 또는 등록과 취득세 면세점에 해당하는 물건의 등기 또는 등록은 포함한다.

③ 등기·등록이 된 이후 법원의 판결 등에 의하여 그 등기·등록이 무효 또는 취소가 되어 등기·등록이 말소된 경우 이미 납부한 등록면허세는 과오납으로 환급할 수 있다.

④ 甲이 乙소유 부동산에 관해 전세권설정등기를 하는 경우에 등록면허세의 납세의무자는 전세권자인 甲이다.

⑤ 지방세의 체납으로 인하여 압류의 등기를 한 재산에 대하여 압류해제의 등기를 할 경우 등록면허세를 부과하지 아니한다.

42 「지방세법」상 등록면허세에 관한 설명으로 틀린 것은?

① 대한민국 정부기관의 등록에 대하여 과세하는 외국정부의 등록 또는 면허의 경우에는 등록면허세를 부과한다.

② 등록면허세에서 "등록"에는 광업권·어업권 및 양식업권의 취득에 따른 등록은 포함한다.

③ 등기 담당 공무원의 착오로 인한 지번의 오기에 대한 경정 등기에 대해서는 등록면허세를 부과하지 아니한다.

④ 무덤과 이에 접속된 부속시설물의 부지로 사용되는 토지로서 지적공부상 지목이 묘지인 토지에 관한 등기에 대하여는 등록면허세를 부과한다.

⑤ 등록을 하는 자는 등록면허세를 납부할 의무를 진다. 여기서 「등록을 하는 자」란 재산권 기타 권리의 설정·변경 또는 소멸에 관한 사항을 공부에 등기 또는 등록을 받는 등기·등록부상에 기재된 명의자(등기권리자)를 말한다.

04 등록면허세의 과세표준과 세율

(1) 과세표준과 표준세율

구 분				과세표준	표준세율
소유권	보존등기			부동산가액	1천분의 8
	이전등기	유상	주택		취득세율 × 100분의 50
			주택 외		1천분의 20
		무상	상속		1천분의 8
			상속 외		1천분의 15
가등기	설정 이전			부동산가액 채권금액	1천분의 2
지상권				부동산가액	
경매신청 가압류 저당권 가처분				채권금액	
지역권				요역지가액	
전세권				전세금액	
임차권				월임대차금액	
말소등기, 지목변경 등				건당	6천원

(2) 과세표준과 표준세율 적용

> ① 등록 당시의 가액 : 신고가액. 다만, 신고가 없거나 신고가액이 시가표준액보다 적은 경우에는 시가표준액
> ② 취득세 면세점 등에 해당하는 물건의 등기 또는 등록 : 취득당시가액(취득세 부과제척기간이 경과한 물건은 등록 당시의 가액과 취득당시가액 중 높은 가액). 다만, 등록 당시에 자산재평가 또는 감가상각 등의 사유로 그 가액이 달라진 경우에는 변경된 가액
> ③ 채권금액이 없을 때 : 채권의 목적이 된 것의 가액 또는 처분의 제한의 목적이 된 금액
> ④ 신고서상의 금액과 공부상의 금액이 다를 경우 : 공부상의 금액
> ⑤ 산출세액이 6천원 보다 적을 때에는 6천원으로 함
> ⑥ 조례로 표준세율의 100분의 50의 범위에서 가감할 수 있음

(3) 중과세율 : 표준세율의 100분의 300

> ① 중과세 대상 : 대도시에서 법인 설립, 지점이나 분사무소의 설치, 대도시 밖에서 대도시로의 전입에 따른 등기
> ② 중과세 제외대상 : 은행업, 할부금융업 등 대도시 중과 제외 업종

족집게문제

43 「지방세법」상 등록에 대한 등록면허세에 관한 설명으로 옳은 것은?

① 취득당시가액을 등록면허세의 과세표준으로 하는 경우 등록 당시에 자산재평가의 사유로 그 가액이 달라진 때에도 자산재평가 전의 가액을 과세표준으로 한다.

② 거주자인 개인 甲은 乙이 소유한 시가 5억원인 부동산에 전세기간 2년, 전세보증금 3억원으로 하는 전세계약을 체결하고, 전세권 설정등기를 한 경우 甲의 등록면허세 납부세액은 60만원이다.

③ 대도시에서 법인을 설립하거나 지점이나 분사무소를 설치함에 따른 등기 또는 대도시 밖에 있는 법인의 본점이나 주사무소를 대도시로 전입함에 따른 등기를 할 때에는 그 세율을 해당 표준세율의 100분의 200으로 한다.

④ 부동산등기에 대한 등록면허세의 산출한 세액이 6천원 보다 적을 때에는 등록면허세를 징수하지 아니한다.

⑤ 소유권이전 등의 청구권을 보존하기 위한 가등기에 해당하는 경우에는 채권금액의 1천분의 2의 세율을 적용한다.

44 「지방세법」상 등록에 대한 등록면허세의 과세표준과 세율에 관한 설명으로 옳게 묶인 것은?

> ㉠ 등록면허세 신고서상 금액과 공부상 금액이 다를 경우 신고서상 금액을 과세표준으로 한다.
> ㉡ 취득세 부과제척기간이 경과한 물건의 등기 또는 등록을 원인으로 하는 등록의 경우에는 취득당시가액을 과세표준으로 한다.
> ㉢ 채권금액으로 과세액을 정하는 경우에 일정한 채권금액이 없을 때에는 채권의 목적이 된 것의 가액 또는 처분의 제한의 목적이 된 금액을 그 채권금액으로 본다.
> ㉣ 주택의 토지와 건축물을 한꺼번에 평가하여 토지나 건축물에 대한 과세표준이 구분되지 아니하는 경우에는 한꺼번에 평가한 개별주택가격을 토지나 건축물의 가액 비율로 나눈 금액을 각각 토지와 건축물의 과세표준으로 한다.
> ㉤ 전세권 등에 대해 저당권을 설정하는 경우에는 전세금액의 1천분의 2이다.

① ㉢, ㉣   ② ㉠, ㉡, ㉤   ③ ㉢, ㉣, ㉤
④ ㉠, ㉡, ㉣, ㉤   ⑤ ㉠, ㉡, ㉢, ㉣, ㉤

45 「지방세법」상 등록에 대한 등록면허세의 과세표준과 세율에 관한 설명으로 틀린 것은?(단, 산출한 세액이 6천원 보다 적을 때에는 6천원으로 함)

① 무상으로 인한 소유권 이전 등기 : 부동산 가액의 1천분의 15. 다만, 상속으로 인한 소유권 이전 등기의 경우에는 부동산 가액의 1천분의 8

② 유상으로 인한 소유권 이전 등기 : 부동산가액의 1천분의 20. 다만, 유상거래에 따른 세율을 적용받는 주택의 경우에는 해당 주택의 취득세율에 100분의 50을 곱한 세율

③ 지역권의 설정 등기 : 요역지 가액의 1천분의 2

④ 전세권의 설정 등기 : 전세금액의 1천분의 2

⑤ 가처분(부동산에 관한 권리를 목적으로 등기하는 경우를 포함)의 설정 등기 : 부동산가액의 1천분의 2

05 등록면허세의 납세절차

(1) 신고납부
① 등록을 하기 전까지(= 등기 · 등록관서에 접수하는 날까지)
② 중과세대상, 부과대상 또는 추징대상: 60일 이내 + 가산세 제외
③ 신고의무를 다하지 아니한 경우에도 등록을 하기 전까지 납부하였을 때: 신고를 하고 납부한 것으로 봄. 이 경우 무신고가산세 및 과소신고가산세를 부과하지 아니함
④ 채권자대위자의 신고납부
　㉠ 채권자대위자는 납세의무자를 대위하여 부동산의 등기에 대한 등록면허세를 신고납부할 수 있음
　㉡ 지방자치단체의 장은 채권자대위자의 신고납부가 있는 경우 납세의무자에게 그 사실을 즉시 통보하여야 함

(2) 납세지
① 부동산 소재지
② 납세지가 불분명: 등록관청의 소재지
③ 둘 이상에 걸쳐 있어 지방자치단체별로 부과할 수 없을 때: 등록관청의 소재지
④ 같은 채권의 담보를 위하여 설정하는 둘 이상의 저당권을 등록하는 경우: 처음 등록하는 등록관청 소재지

(3) 보통징수와 가산세

(4) 등기 · 등록관서의 장의 등록면허세 미납부 및 납부부족액에 대한 통보: 다음 달 10일까지

등록면허세의 납세절차

① 등록을 하려는 자가 신고의무를 다하지 않은 경우 등록면허세 산출세액을 등록하기 전까지 납부하였을 때에는 신고하고 납부한 것으로 보지만 무신고 가산세가 부과된다. ( ) (2020년 제31회)
② 부동산 등기에 대한 등록면허세의 납세지는 부동산 소재지로 하며, 납세지가 분명하지 아니한 경우에는 등록관청 소재지로 한다. ( ) (2020년 제31회)
③ 같은 등록에 관계되는 재산이 둘 이상의 지방자치단체에 걸쳐 있어 등록면허세를 지방자치단체별로 부과할 수 없을 때에는 등록관청 소재지를 납세지로 한다. ( ) (2023년 제34회)

족집게문제

46 「지방세법」상 등록에 대한 등록면허세에 관한 설명으로 옳은 것은?

① 채권자대위자는 납세의무자를 대위하여 부동산의 등기에 대한 등록면허세를 신고납부 할 수 없다.

② 등록면허세를 비과세, 과세면제 또는 경감받은 후에 해당 과세물건이 등록면허세 부과 대상 또는 추징대상이 되었을 때에는 그 사유 발생일부터 60일 이내에 해당 과세표준에 세율을 적용하여 산출한 세액[경감받은 경우에는 이미 납부한 세액(가산세를 포함)을 공 제한 세액을 말함]을 납세지를 관할하는 지방자치단체의 장에게 신고하고 납부하여야 한다.

③ 같은 채권의 담보를 위하여 설정하는 둘 이상의 저당권을 등록하는 경우에는 이를 하나 의 등록으로 보아 그 등록에 관계되는 재산을 처음 등록하는 등록관청 소재지를 납세지 로 한다.

④ 부동산등기에 대한 등록면허세의 납세지는 납세의무자의 주소지이다.

⑤ 신고의무를 다하지 아니한 경우에도 등록면허세 산출세액을 등록을 하기 전까지 납부하 였을 때에는 신고를 하고 납부한 것으로 본다. 이 경우 무신고가산세액 및 과소신고가산 세액의 100분의 50에 상당하는 금액을 감면한다.

47 「지방세법」상 등록에 대한 등록면허세에 관한 설명으로 틀린 것은?

① 등록을 하려는 자는 산출한 세액을 등록을 하기 전까지 납세지를 관할하는 지방자치단 체의 장에게 신고하고 납부하여야 한다. 여기서 "등록을 하기 전까지"란 등기 또는 등록 신청서를 등기·등록관서에 접수하는 날까지를 말한다.

② 등기·등록관서의 장은 등기 또는 등록 후에 등록면허세가 납부되지 아니하였거나 납부 부족액을 발견한 경우에는 납세지를 관할하는 시장·군수·구청장에게 즉시 통보하여 야 한다.

③ 부동산의 등록에 대한 등록면허세의 과세표준은 등록 당시의 가액으로 한다. 여기서 등 록 당시의 가액은 조례로 정하는 바에 따라 등록자의 신고에 따른다. 다만, 신고가 없거 나 신고가액이 시가표준액보다 적은 경우에는 시가표준액을 과세표준으로 한다.

④ 같은 채권을 위한 저당권의 목적물이 종류가 달라 둘 이상의 등기 또는 등록을 하게 되 는 경우에 등기·등록관서가 이에 관한 등기 또는 등록 신청을 받았을 때에는 채권금액 전액에서 이미 납부한 등록면허세의 산출기준이 된 금액을 뺀 잔액을 그 채권금액으로 보고 등록면허세를 부과한다.

⑤ 등록면허세 납세의무자가 신고 또는 납부의무를 다하지 아니하면 산출한 세액 또는 그 부족세액에 가산세를 합한 금액을 세액으로 하여 보통징수의 방법으로 징수한다.

04 | 재산세

01 재산세의 납세의무자

① 과세기준일 현재 사실상 소유자
② 공유재산: 지분권자[지분의 표시가 없으면 균등한 것으로 봄]
③ 주택의 건물과 부속토지의 소유자가 다를 경우: 산출세액을 시가표준액 비율로 안분
④ 소유권 변동신고 또는 종중소유임을 신고하지 아니한 경우: 공부상 소유자
⑤ 상속등기 × + 신고 ×: 주된 상속자[상속지분이 가장 높은 사람 → 나이가 가장 많은 사람]
⑥ 국가 등 + 연부 + 사용권 무상: 매수계약자
⑦ 국가 등 + 선수금 + 사용권 무상: 사용권을 무상으로 받은 자
⑧ 수탁자 명의의 신탁재산: 위탁자
⑨ 체비지 또는 보류지: 사업시행자
⑩ 항공기 또는 선박을 임차하여 수입하는 경우: 수입하는 자
⑪ 파산선고 이후 파산종결의 결정까지 파산재단에 속하는 재산의 경우: 공부상 소유자
⑫ 소유권 귀속이 분명하지 아니한 경우: 사용자

재산세의 납세의무자

① 2024년 5월 31일에 재산세 과세대상 재산의 매매잔금을 수령하고 소유권이전등기를 한 매도인은 2024년 재산세 과세기준일 현재 납세의무자이다. ( ) (2015년 제26회)
② 과세기준일 현재 재산세 과세대상 물건의 소유권이 양도·양수된 때에는 양도인을 해당 연도의 납세의무자로 본다. ( )
③ 신탁재산의 위탁자가 신탁 설정일 이후에 법정기일이 도래하는 해당 신탁재산과 관련하여 발생한 재산세 등을 체납한 경우로서 그 위탁자의 다른 재산에 대하여 체납처분을 하여도 징수할 금액에 미치지 못할 때에는 해당 신탁재산의 수탁자는 그 신탁재산으로써 위탁자의 재산세등을 납부할 의무가 있다. ( )
④ 상속이 개시된 재산으로서 상속등기가 되지 아니한 경우에는 주된 상속자는 과세기준일부터 15일 이내에 그 소재지를 관할하는 지방자치단체의 장에게 그 사실을 알 수 있는 증거자료를 갖추어 신고하여야 한다. ( )
⑤ 공부상에 개인 등의 명의로 등재되어 있는 사실상의 종중 재산으로서 종중소유임을 신고하지 아니한 경우 종중을 납세의무자로 본다. ( ) (2013년 제24회)

족집게문제

48 「지방세법」상 재산세의 납세의무자에 관한 설명으로 옳은 것은?

① 공부상의 소유자가 매매 등의 사유로 소유권이 변동되었는데도 신고하지 아니하여 사실상의 소유자를 알 수 없을 때에는 사용자가 재산세를 납부할 의무가 있다.

② 재산세 과세기준일 현재 소유권의 귀속이 분명하지 아니하여 사실상의 소유자를 확인할 수 없는 경우에는 공부상 소유자가 재산세를 납부할 의무가 있다.

③ 「도시개발법」에 따라 시행하는 환지 방식에 의한 도시개발사업 및 「도시 및 주거환경정비법」에 따른 정비사업(재개발사업만 해당)의 시행에 따른 환지계획에서 일정한 토지를 환지로 정하지 아니하고 체비지 또는 보류지로 정한 경우에는 종전 토지소유자가 재산세를 납부할 의무가 있다.

④ 「채무자 회생 및 파산에 관한 법률」에 따른 파산선고 이후 파산종결의 결정까지 파산재단에 속하는 재산의 경우 공부상 소유자는 재산세를 납부할 의무가 있다.

⑤ 지방자치단체와 재산세 과세대상 재산을 연부 매매계약을 체결하고 그 재산의 사용권을 유상으로 받은 경우에는 그 매수계약자를 납세의무자로 본다.

49 「지방세법」상 재산세 납세의무자에 관한 설명으로 옳은 것은?

① 법인인 (주)합격으로부터 과세대상토지를 연부로 매매계약을 체결하고 그 재산의 사용권을 무상으로 부여받은 경우에는 매수계약자를 납세의무자로 본다.

② 주택의 건물과 부속토지의 소유자가 다를 경우 그 주택에 대한 산출세액을 건축물과 그 부속토지의 면적 비율로 안분계산한 부분에 대하여 그 소유자를 납세의무자로 본다.

③ 「신탁법」제2조에 따른 수탁자의 명의로 등기 또는 등록된 신탁재산의 경우에는 수탁자가 재산세를 납부할 의무가 있다.

④ 공유재산인 경우 그 지분에 해당하는 부분에 대하여 그 지분권자를 납세의무자로 보되, 지분의 표시가 없는 경우 공유자 중 나이가 가장 많은 사람을 납세의무자로 본다.

⑤ 상속이 개시된 재산으로서 상속등기가 되지 아니한 때에는 상속자가 지분에 따라 신고하면 신고된 지분에 따른 납세의무가 성립하고 신고가 없으면 주된 상속자에게 납세의무가 있다.

02 재산세 과세대상의 구분

(1) 공부상 등재 현황과 사실상의 현황이 다른 경우: 사실상 현황

(2) 주택: 토지와 건축물의 범위에서 주택은 제외

① 주택 부속토지의 경계가 명백하지 아니한 경우: 주택의 바닥면적의 10배

② 주거용과 주거 외의 용도를 겸하는 건물: 1동은 주거용 부분만, 1구는 100분의 50 이상이면 주택

③ 다가구주택: 구분된 부분을 1구

재산세 과세대상의 구분과 종합부동산세와의 연관관계

재산세				종합부동산세의 과세대상
재산세의 과세대상			재산세의 세율구조	
토 지	분리과세대상	(저율)분리과세대상	비례세율	
		(고율)분리과세대상	비례세율	
	합산과세대상	종합합산과세대상	누진세율	○
		별도합산과세대상	누진세율	○
건축물			비례세율	
주택(토지 + 건물)			누진세율	○
선 박			비례세율	
항공기			비례세율	

재산세 과세대상의 구분

① 1동(棟)의 건물이 주거와 주거 외의 용도로 사용되고 있는 경우에는 주거용으로 사용되는 부분만을 주택으로 본다. (   ) (2022년 제33회)

② 1구(構)의 건물이 주거와 주거 외의 용도로 사용되고 있는 경우에는 <u>주거용으로 사용되는 면적이 전체의 100분의 60인 경우에는 주택으로 본다.</u> (   ) (2022년 제33회)

③ 「건축법 시행령」에 따른 다가구주택은 1가구가 독립하여 구분사용할 수 있도록 분리된 부분을 <u>1구</u>의 주택으로 보며, 이 경우 그 부속토지는 건물면적의 비율에 따라 각각 나눈 면적을 1구의 부속토지로 본다. (   ) (2011년 제22회)

족집게문제

50 「지방세법」상 재산세의 과세대상에 관한 설명으로 옳은 것은?

① 건축물에서 허가 등이나 사용승인(임시사용승인을 포함)을 받지 아니하고 주거용으로 사용하는 면적이 전체 건축물 면적(허가 등이나 사용승인을 받은 면적을 포함)의 100분의 50 이상인 경우에는 그 건축물 전체를 주택으로 보지 아니하고, 그 부속토지는 별도합산과세대상에 해당하는 토지로 본다.

② 재산세 과세대상인 건축물의 범위에는 주택을 포함한다.

③ 재산세의 과세대상인 주택은 부속토지를 제외한 주거용 건축물을 말한다.

④ 주택 부속토지의 경계가 명백하지 아니한 경우 그 주택의 바닥면적의 20배에 해당하는 토지를 주택의 부속토지로 한다.

⑤ 관계 법령에 따라 허가 등을 받아야 함에도 불구하고 허가 등을 받지 않고 재산세의 과세대상 물건을 이용하는 경우로서 사실상 현황에 따라 재산세를 부과하면 오히려 재산세 부담이 낮아지는 경우 또는 재산세 과세기준일 현재의 사용이 일시적으로 공부상 등재현황과 달리 사용하는 것으로 인정되는 경우에는 공부상 등재현황에 따라 재산세를 부과한다.

51 「지방세법」상 재산세 과세대상 구분 등에 관한 설명으로 틀린 것은?

① 토지에 대한 재산세 과세대상은 종합합산과세대상, 별도합산과세대상 및 분리과세대상으로 구분한다.

② 종합합산과세대상은 과세기준일 현재 납세의무자가 소유하고 있는 토지 중 별도합산과세대상 또는 분리과세대상이 되는 토지를 제외한 토지이다.

③ 재산세에서 "토지"란 「공간정보의 구축 및 관리 등에 관한 법률」에 따라 지적공부의 등록대상이 되는 토지와 그 밖에 사용되고 있는 사실상의 토지를 말한다.

④ 1구의 건물이 주거와 주거 외의 용도로 사용되고 있는 경우에는 주거용으로 사용되는 부분만을 주택으로 본다.

⑤ 재산세는 토지, 건축물, 주택, 항공기 및 선박을 과세대상으로 한다.

www.pmg.co.kr

03 토지에 대한 재산세의 과세방법

(1) 농지[전·답·과수원]
① 개인
　㉠ 영농 × : 종합합산과세대상
　㉡ 영농 ○
　　ⓐ 군, 읍·면, 도시지역 밖, 개발제한구역·녹지지역 : 분리과세대상
　　ⓑ ⓐ 외 : 종합합산과세대상
② 법인·단체 : 열거된 5가지[농업법인, 한국농어촌공사, 1990.5.31 이전 사회복지사업자, 매립·간척, 1990.5.31 이전 종중]는 분리과세대상, 그 외는 종합합산과세대상

(2) 목장용지 : 도시지역 밖, 개발제한구역·녹지지역(1989.12.31 이전)에서 이내이면 분리과세대상이고 초과이면 종합합산과세대상, 그 외의 지역은 종합합산과세대상

(3) 임야 : 열거된 지정문화유산 안의 임야 및 보호구역 안의 임야, 공원자연환경지구의 임야, 1990. 5.31 이전부터 종중이 소유하는 임야, 1990.5.31 이전부터 소유하는 상수원보호구역 임야 및 1989. 12.31 이전부터 소유하는 개발제한구역의 임야 등은 분리과세대상, 그 외는 종합합산과세대상 등

(4) 공장용지 등
① 초과이면 종합합산과세대상
② 이내이면 지역 확인 : 군, 읍·면, 산업단지·공업지역은 분리과세대상, 그 외의 지역은 별도합산과세대상
③ 공장용지와 동일한 분리과세대상 : 국방상 목적의 공장 구내의 토지, 염전, 여객자동차터미널 및 물류터미널용 토지, 공모부동산투자회사

(5) 회원제골프장용 토지와 고급오락장용 토지 : 분리과세대상

(6) 영업용 건축물의 부속토지 등
① 이내는 별도합산과세대상, 초과는 종합합산과세대상
② 건축물(공장용 건축물은 제외)의 시가표준액이 토지의 100분의 2에 미달하는 토지 중 건축물 바닥면적을 제외한 토지 : 종합합산과세대상
③ 허가 등을 받지 아니한 또는 사용승인을 받지 아니한 건축물의 토지 : 종합합산과세대상
④ 별도합산과세대상으로 보는 토지 : 차고용 토지, 자동차운전학원용 토지, 스키장 및 골프장용 토지 중 원형이 보전된 임야

토지에 대한 재산세의 과세방법

① 토지와 주택에 대한 재산세 과세대상은 종합합산과세대상, 별도합산과세대상 및 분리과세대상으로 구분한다. (　) (2020년 제31회)
② 「한국농어촌공사 및 농지관리기금법」에 따라 설립된 한국농어촌공사가 같은 법에 따라 농가에 공급하기 위하여 소유하는 농지는 「지방세법」상 재산세 비과세 대상이다. (　) (2019년 제30회)
③ 국가가 국방상의 목적 외에는 그 사용 및 처분 등을 제한하는 공장 구내의 토지는 종합합산과세대상 토지이다. (　) (2018년 제29회)
④ 「도로교통법」에 따라 등록된 자동차운전학원의 자동차운전학원용 토지로서 같은 법에서 정하는 시설을 갖춘 구역 안의 토지는 종합합산과세대상 토지이다. (　) (2014년 제25회)

족집게문제

52 「지방세법」상 토지에 대한 재산세를 부과함에 있어서 종합합산과세대상 토지에 해당하는 것은?

① 1989년 12월 31일 이전부터 소유하는 「개발제한구역의 지정 및 관리에 관한 특별조치법」에 따른 개발제한구역의 임야

② 도시지역 밖의 목장용지로서 과세기준일이 속하는 해의 직전 연도를 기준으로 축산용 토지 및 건축물의 기준을 적용하여 계산한 토지면적의 범위를 초과하여 소유하는 토지

③ 1990년 5월 31일 이전부터 사회복지사업자가 복지시설이 소비목적으로 사용할 수 있도록 하기 위하여 소유하는 농지

④ 회원제 골프장용 토지

⑤ 군 지역에 소재한 공장용 건축물의 부속토지로서 공장입지 기준면적 이내의 토지

53 「지방세법」상 토지에 대한 재산세를 부과함에 있어서 분리과세대상 토지는 모두 몇 개인가?

> ㉠ 도시지역 밖의 「농지법」에 따른 농업법인이 소유하는 농지로서 과세기준일 현재 실제 영농에 사용되고 있는 농지
> ㉡ 「문화유산의 보존 및 활용에 관한 법률」에 따른 지정문화유산 안의 임야
> ㉢ 과세기준일 현재 계속 염전으로 실제 사용하고 있거나 계속 염전으로 사용하다가 사용을 폐지한 토지. 다만, 염전 사용을 폐지한 후 다른 용도로 사용하는 토지는 제외
> ㉣ 「건축법」 등 관계 법령에 따라 허가 등을 받아야 할 일반영업용 건축물로서 허가 등을 받지 아니한 건축물 또는 사용승인을 받아야 할 일반영업용 건축물로서 사용승인(임시사용승인을 포함)을 받지 아니하고 사용 중인 건축물의 부속토지
> ㉤ 일반영업용 건축물의 시가표준액이 해당 부속토지의 시가표준액의 100분의 2에 미달하는 건축물의 부속토지 중 그 건축물의 바닥면적을 제외한 부속토지

① 1개   ② 2개   ③ 3개
④ 4개   ⑤ 5개

54 「지방세법」상 재산세 과세대상 토지에 대한 과세방법을 설명한 것으로 틀린 것은?

① 1990년 5월 31일 이전부터 소유하고 있는 「수도법」에 따른 상수원 보호구역의 임야: 분리과세대상 토지

② 「체육시설의 설치·이용에 관한 법률 시행령」 제12조에 따른 스키장 및 골프장용 토지 중 원형이 보전되는 임야: 분리과세대상 토지

③ 「도로교통법」에 따라 견인된 차를 보관하는 토지로서 같은 법에서 정하는 시설을 갖춘 토지: 별도합산과세대상 토지

④ 「장사 등에 관한 법률」 제14조 제3항에 따른 설치·관리허가를 받은 법인묘지용 토지로서 지적공부상 지목이 묘지인 토지: 별도합산과세대상 토지

⑤ 1990년 5월 31일 이전부터 종중이 소유하고 있는 임야: 분리과세대상 토지

04 재산세의 비과세

① 국가 등의 보유. 다만, 대한민국 재산에 과세하는 외국정부는 과세
② 국가 등이 1년 이상 공용 또는 공공용으로 사용하는 재산. 다만, 유료 또는 유상이전은 과세
③ 「도로법」에 따른 도로와 사설 도로. 다만, 휴게시설, 연구시설 등과 대지 안의 공지는 과세
④ 하천, 제방, 구거, 유지, 묘지. 다만, 특정인이 전용하는 제방은 과세
⑤ 통제보호구역에 있는 토지. 다만, 전·답·과수원 및 대지는 과세
⑥ 산림보호구역 및 채종림·시험림
⑦ 공원자연보존지구의 임야
⑧ 백두대간보호지역의 임야
⑨ 1년 미만 + 임시건축물. 다만, 사치성은 과세
⑩ 비상재해구조용 등으로 사용하는 선박
⑪ 철거명령을 받았거나 철거보상계약이 체결된 건축물 또는 주택. 다만, 토지는 과세

재산세의 비과세

① 국가, 지방자치단체 또는 지방자치단체조합이 1년 이상 공용 또는 공공용으로 유료로 사용하는 토지에 대하여는 재산세를 부과하지 아니한다. (   ) (2019년 제30회)
② 농업용 구거와 자연유수의 배수처리에 제공하는 구거는 「지방세법」상 재산세의 비과세 대상이다. (   ) (2017년 제28회)
③ 「군사기지 및 군사시설 보호법」에 따른 군사기지 및 군사시설 보호구역 중 통제보호구역에 있는 전·답은 「지방세법」상 재산세 비과세 대상이다. (   ) (2019년 제30회)
④ 「산림자원의 조성 및 관리에 관한 법률」에 따라 지정된 채종림·시험림은 「지방세법」상 재산세 비과세 대상이다. (   ) (2019년 제30회)
⑤ 재산세를 부과하는 해당 연도에 철거하기로 계획이 확정되어 재산세 과세기준일 현재 행정관청으로부터 철거명령을 받은 주택과 그 부속토지인 대지는 「지방세법」상 재산세의 비과세 대상이다. (   ) (2017년 제28회)

족집게문제

55 「지방세법」상 재산세의 비과세 대상을 모두 고른 것은?(단, 아래의 답항별로 주어진 자료 외의 비과세요건은 충족한 것으로 가정함)

> ㉠ 임시로 사용하기 위하여 건축된 고급오락용 건축물로서 재산세 과세기준일 현재 1년 미만의 것
> ㉡ 「자연공원법」에 따라 지정된 공원자연환경지구의 임야
> ㉢ 농업용 및 발전용에 제공하는 댐·저수지·소류지와 자연적으로 형성된 호수·늪
> ㉣ 「건축법 시행령」 제80조의2에 따른 대지 안의 공지
> ㉤ 「백두대간 보호에 관한 법률」 제6조에 따라 지정된 백두대간보호지역의 임야

① ㉡, ㉢
② ㉡, ㉤
③ ㉢, ㉤
④ ㉠, ㉡, ㉢, ㉤
⑤ ㉡, ㉢, ㉣, ㉤

56 「지방세법」상 재산세의 비과세 대상인 것을 모두 고른 것은?(단, 아래의 답항별로 주어진 자료 외의 비과세요건은 충족한 것으로 가정함)

> ㉠ 「도로법」 제2조 제2호에 따른 도로의 부속물 중 도로관리시설, 휴게시설, 주유소, 충전소, 교통·관광안내소 및 도로에 연접하여 설치한 연구시설
> ㉡ 무덤과 이에 접속된 부속시설물의 부지로 사용되는 토지로서 지적공부상 지목이 묘지인 토지
> ㉢ 「공간정보의 구축 및 관리 등에 관한 법률」에 따른 제방으로서 특정인이 전용하는 제방
> ㉣ 소유권의 유상이전을 약정한 경우로서 그 재산을 취득하기 전에 지방자치단체조합이 1년 이상 공용 또는 공공용으로 미리 사용하는 경우
> ㉤ 「군사기지 및 군사시설 보호법」에 따른 군사기지 및 군사시설 보호구역 중 통제보호구역에 있는 대지

① ㉡
② ㉡, ㉢
③ ㉡, ㉢, ㉣
④ ㉠, ㉢, ㉣, ㉤
⑤ ㉠, ㉡, ㉢, ㉣, ㉤

05 재산세의 과세표준

① 토지 : 시가표준액[개별공시지가] × 100분의 70의 공정시장가액비율
② 건축물 : 시가표준액[결정한 가액] × 100분의 70의 공정시장가액비율
③ 주택 : 시가표준액[단독은 개별주택가격 또는 공동은 공동주택가격] × 100분의 60의 공정시장가액비율[다만, 2024년도에 납세의무가 성립하는 재산세의 과세표준을 산정하는 경우 제110조의2에 따라 1세대 1주택으로 인정되는 주택(시가표준액이 9억원을 초과하는 주택을 포함)에 대해서는 시가표준액이 3억원 이하인 주택은 100분의 43, 시가표준액이 3억원을 초과하고 6억원 이하인 주택은 시가표준액의 100분의 44, 시가표준액이 6억원을 초과하는 주택은 시가표준액의 100분의 45]의 공정시장가액비율
④ 선박과 항공기 : 시가표준액

시가표준액

구 분		시가표준액
토지 및 주택	공시된 가액이 있는 경우	① 토지 : 개별공시지가 ② 단독주택 : 개별주택가격 ③ 공동주택 : 공동주택가격
	공시된 가액이 없는 경우	특별자치시장 · 특별자치도지사 · 시장 · 군수 또는 구청장이 산정한 가액
토지 및 주택 외의 건축물		거래가격, 수입가격, 신축 · 건조 · 제조가격 등을 고려하여 정한 기준가격에 종류, 구조, 용도, 경과연수 등 과세대상별 특성을 고려하여 지방자치단체의 장이 결정한 가액

주택 과세표준의 과세표준상한액

주택의 과세표준이 다음 계산식에 따른 과세표준상한액보다 큰 경우에는 해당 주택의 과세표준은 과세표준상한액으로 한다.
① 과세표준상한액 = 대통령령으로 정하는 직전 연도 해당 주택의 과세표준 상당액 + (과세기준일 당시 시가표준액으로 산정한 과세표준 × 과세표준상한율)
② 과세표준상한율 = 100분의 5

재산세의 과세표준

① 재산세의 과세표준을 시가표준액에 공정시장가액비율을 곱하여 산정할 수 있는 대상은 토지와 주택에 한한다. ( ) (2010년 제21회)
② 토지의 재산세 과세표준은 개별공시지가로 한다. ( ) (2012년 제23회)
③ 건축물의 재산세 과세표준은 거래가격 등을 고려하여 지방자치단체의 장이 결정한 가액으로 한다. ( ) (2012년 제23회)
④ 토지의 과세표준이 과세표준상한액보다 큰 경우에는 해당 토지의 과세표준은 과세표준상한액으로 한다. ( )

족집게문제

57 「지방세법」상 시가표준액의 산정기준과 재산세의 과세표준에 관한 설명으로 틀린 것은?

① 토지에 대한 시가표준액은 「부동산 가격공시에 관한 법률」에 따라 개별공시지가가 공시되지 아니한 경우에는 특별자치시장·특별자치도지사·시장·군수 또는 구청장(자치구의 구청장을 말함)이 같은 법에 따라 국토교통부장관이 제공한 토지가격비준표를 사용하여 산정한 가액으로 한다.

② 공동주택가격에 대한 시가표준액은 「부동산 가격공시에 관한 법률」에 따라 공동주택가격이 공시되지 아니한 경우에는 대통령령으로 정하는 기준에 따라 특별자치시장·특별자치도지사·시장·군수 또는 구청장이 산정한 가액으로 한다.

③ 상업용 건축물에 대한 시가표준액은 거래가격, 수입가격, 신축·건조·제조가격 등을 고려하여 정한 기준가격에 종류, 구조, 용도, 경과연수 등 과세대상별 특성을 고려하여 대통령령으로 정하는 기준에 따라 지방자치단체의 장이 결정한 가액으로 한다.

④ 공독주택의 재산세 과세표준은 공동주택가격에 100분의 70의 공정시장가액비율을 곱하여 산정한 가액으로 한다.

⑤ 선박의 재산세의 과세표준은 시가표준액으로 한다.

06 재산세의 세율

(1) 표준세율

구 분			표준세율
토 지	분리	농지(전·답·과수원), 목장용지, 임야	1천분의 0.7
		공장용지 등	1천분의 2
		회원제 골프장용 토지 고급오락장용 토지	1천분의 40
	종합합산		1천분의 2~1천분의 5
	별도합산		1천분의 2~1천분의 4
건축물	회원제 골프장, 고급오락장용 건축물		1천분의 40
	시(읍·면지역은 제외) 주거지역 등의 공장용 건축물		1천분의 5
	그 밖의 건축물		1천분의 2.5
주 택	9억원 이하 + 1세대 1주택		1천분의 0.5~1천분의 3.5
	그 외		1천분의 1~1천분의 4
선 박	고급선박		1천분의 50
	그 밖의 선박		1천분의 3
항공기			1천분의 3

(2) 세율의 적용 방법

① 토지에 대한 재산세
  ㉠ 분리과세대상: 토지의 가액에 세율 적용
  ㉡ 종합합산과세대상: 관할구역 + 합한 금액에 세율 적용
  ㉢ 별도합산과세대상: 관할구역 + 합한 금액에 세율 적용
② 주택에 대한 재산세
  ㉠ 주택별로 세율 적용
  ㉡ 주택을 2명 이상이 공동으로 소유하거나 토지와 건물의 소유자가 다를 경우: 토지와 건물의
     가액을 합산한 금액에 세율 적용
③ 표준세율: 조례로 100분의 50의 범위에서 가감할 수 있음. 다만, 가감한 세율은 해당 연도에만 적용

(3) 중과세율

과밀억제권역(산업단지 및 유치지역과 공업지역은 제외) 공장 신설·증설의 건축물: 5년간 1천분의
2.5 세율의 100분의 500

재산세의 세율

① 주택에 대한 재산세는 주택별로 표준세율을 적용한다. ( ) (2015년 제26회)
② 토지와 건물의 소유자가 다른 주택에 대한 세율을 적용할 때 해당 주택의 토지와 건물의 가액을 소유자별로 구분계산한 과세표준에 해당 세율을 적용한다. ( ) (2011년 제22회)
③ 1세대 1주택에 대한 주택 세율 특례 적용시 「신탁법」에 따라 신탁된 주택은 위탁자의 주택 수에 가산한다. ( )

족집게문제

58 「지방세법」상 재산세의 과세대상 중 과세표준이 증가함에 따라 재산세 부담이 누진적으로 증가할 수 있는 것은 모두 몇 개인가?

㉠ 「지방세법」 제111조의2에서 규정하고 있는 시가표준액이 9억원 이하인 대통령령으로 정하는 1세대 1주택
㉡ 고급오락장용 건축물
㉢ 시(읍·면지역은 제외) 지역에서 「국토의 계획 및 이용에 관한 법률」에 따라 지정된 주거지역의 공장용 건축물
㉣ 「도로교통법」에 따라 등록된 자동차운전학원의 자동차운전학원용 토지로서 같은 법에서 정하는 시설을 갖춘 구역 안의 토지
㉤ 영업용 건축물의 시가표준액이 해당 부속토지의 시가표준액의 100분의 2에 미달하는 건축물의 부속토지 중 그 건축물의 바닥면적을 제외한 부속토지

① 1개 ② 2개 ③ 3개
④ 4개 ⑤ 5개

59 「지방세법」상 재산세의 세율적용 등에 관한 설명으로 틀린 것은?

① 종합합산과세대상 토지에 대한 재산세는 납세의무자가 소유하고 있는 해당 지방자치단체 관할구역에 있는 종합합산과세대상이 되는 토지의 가액을 모두 합한 금액을 과세표준으로 하여 종합합산과세대상의 세율을 적용한다.
② 분리과세대상 토지에 대한 재산세는 분리과세대상이 되는 해당 토지의 가액을 과세표준으로 하여 분리과세대상의 세율을 적용한다.
③ 토지에 대한 재산세의 세율을 적용하는 경우 이 법 또는 관계 법령에 따라 재산세를 경감할 때에는 과세표준에서 경감대상 토지의 과세표준액에 경감비율(비과세 또는 면제의 경우에는 이를 100분의 100으로 봄)을 곱한 금액을 공제하여 세율을 적용한다.
④ 주택에 대한 토지와 건물의 소유자가 다른 경우 해당 주택의 토지와 건물의 가액을 합산한 과세표준에 주택의 세율을 적용한다.
⑤ 지방자치단체의 장은 조례로 정하는 바에 따라 표준세율의 100분의 50의 범위에서 가감할 수 있으며, 가감한 세율은 해당 연도부터 3년간 적용한다.

07 재산세의 납세절차

(1) 과세기준일과 납기
① 과세기준일: 매년 6월 1일
② 납기
  ㉠ 토지: 매년 9월 16일부터 9월 30일까지
  ㉡ 건축물: 매년 7월 16일부터 7월 31일까지
  ㉢ 주택: 세액의 2분의 1은 매년 7월 16일부터 7월 31일까지, 나머지 2분의 1은 매년 9월 16일부터 9월 30일까지. 다만, 세액이 20만원 이하인 경우에는 조례로 정하는 바에 따라 납기를 7월 16일부터 7월 31일까지로 하여 한꺼번에 부과·징수할 수 있음
  ㉣ 선박과 항공기: 매년 7월 16일부터 7월 31일까지

(2) 징수방법
① 보통징수: 납기개시 5일 전까지 발급
② 수시로 부과·징수할 수 있음
③ 소액징수면제: 세액이 2천원 미만
④ 납세지: 부동산 소재지
⑤ 토지와 건축물에 대한 세 부담의 상한: 100분의 150
⑥ 납부유예
  ㉠ 1세대 1주택 + 그 납부기한 만료 3일 전까지 신청 + 담보 제공
  ㉡ 납부유예 허가의 취소: 해당 주택을 타인에게 양도하거나 증여하는 경우 등

재산세의 납세절차

① 토지의 정기분 재산세 납부세액이 9만원인 경우 조례에 따라 납기를 <u>7월 16일부터 7월 31일까지</u>로 하여 한꺼번에 부과·징수할 수 있다. (   ) (2016년 제27회)

② 건축물에 대한 재산세의 납기는 <u>매년 9월 16일에서 9월 30일</u>이다. (   ) (2019년 제30회)

③ 해당 연도에 주택에 <u>부과할 세액이 100만원</u>인 경우 재산세의 납기를 <u>7월 16일부터 7월 31일까지</u>로 하여 한꺼번에 부과·징수한다. (   ) (2015년 제26회)

④ 토지에 대한 재산세는 납세의무자별로 한 장의 납세고지서로 발급하여야 한다. (   ) (2015년 제26회)

⑤ 지방자치단체의 장은 과세대상의 누락 등으로 이미 부과한 재산세액을 변경하여야 할 사유가 발생하더라도 <u>수시로 부과·징수할 수 없다.</u> (   ) (2011년 제22회)

⑥ 건축물에 대한 재산세의 산출세액이 법령으로 정하는 방법에 따라 계산한 직전연도의 해당 재산에 대한 재산세액 상당액의 <u>100분의 150을 초과하는 경우</u>에는 100분의 150에 해당하는 금액을 해당 연도에 징수할 세액으로 한다. (   ) (2012년 제23회)

⑦ 지방자치단체의 장은 법정 요건을 모두 충족하는 납세의무자가 제111조의2에 따른 <u>1세대 1주택(시가표준액이 9억원을 초과하는 주택을 포함)</u>의 재산세액의 <u>납부유예</u>를 그 납부기한 만료 3일 전까지 신청하는 경우 이를 허가할 수 있다. 이 경우 납부유예를 신청한 납세의무자는 그 유예할 주택 재산세에 상당하는 담보를 제공하여야 한다. (   )

족집게문제

60 「지방세법」상 재산세의 부과·징수에 관한 설명으로 옳은 것은?

① 건축물에 대한 재산세의 납기는 매년 9월 16일에서 9월 30일이다.

② 해당 연도에 주택에 부과할 세액이 50만원인 경우 재산세의 납기를 7월 16일부터 7월 31일까지로 하여 한꺼번에 부과·징수할 수 있다.

③ 재산세를 징수하려면 토지, 건축물, 주택, 선박 및 항공기로 구분한 납세고지서에 과세표준과 세액을 적어 늦어도 납기개시 10일 전까지 발급하여야 한다.

④ 건축물에 대한 재산세의 납세지는 건축물 소유자의 주소지를 관할하는 지방자치단체이다.

⑤ 사실상 종중재산으로서 공부상에는 개인 명의로 등재되어 있는 재산의 공부상 소유자는 과세기준일부터 15일 이내에 그 소재지를 관할하는 지방자치단체의 장에게 그 사실을 알 수 있는 증거자료를 갖추어 신고하여야 한다.

61 「지방세법」상 신탁재산 수탁자의 물적납세의무에 관한 설명으로 옳은 것은 모두 몇 개인가?

> ㉠ 신탁재산의 위탁자가 신탁 설정일 이후에 법정기일이 도래하는 해당 신탁재산과 관련하여 발생한 재산세 등을 체납한 경우로서 그 위탁자의 다른 재산에 대하여 체납처분을 하여도 징수할 금액에 미치지 못할 때에는 해당 신탁재산의 수탁자는 그 신탁재산으로써 위탁자의 재산세 등을 납부할 의무가 있다.
>
> ㉡ 신탁재산 수탁자의 물적납세의무에 따라 수탁자로부터 납세의무자의 재산세등을 징수하려는 지방자치단체의 장은 납부통지서를 수탁자에게 고지하여야 한다.
>
> ㉢ 납부통지서에 따른 고지가 있은 후 납세의무자인 위탁자가 신탁의 이익을 받을 권리를 포기 또는 이전하거나 신탁재산을 양도하는 등의 경우에도 고지된 부분에 대한 납세의무에는 영향을 미치지 아니한다.
>
> ㉣ 신탁재산의 수탁자가 변경되는 경우에 새로운 수탁자는 이전의 수탁자에게 고지된 납세의무를 승계한다.
>
> ㉤ 신탁재산에 대하여 「지방세징수법」에 따라 체납처분을 하는 경우 「지방세기본법」 제71조 제1항에도 불구하고 수탁자는 「신탁법」 제48조 제1항에 따른 신탁재산의 보존 및 개량을 위하여 지출한 필요비 또는 유익비의 우선변제를 받을 권리가 있다.

① 1개   ② 2개   ③ 3개
④ 4개   ⑤ 5개

07 재산세의 납세절차

(3) 물납
① 물납의 요건과 물납대상: 1천만원 초과 + 관할구역 부동산
② 물납의 신청: 납부기한 10일 전까지
③ 부동산 평가: 과세기준일 현재의 시가

(4) 분할납부
① 분할납부의 요건: 250만원 초과 + 3개월 이내
② 분할납부의 신청: 납부기한까지
③ 분할납부세액
  ㉠ 납부할 세액이 500만원 이하인 경우: 250만원을 초과하는 금액
  ㉡ 납부할 세액이 500만원을 초과하는 경우: 그 세액의 100분의 50 이하의 금액

재산세의 물납과 분할납부

① 지방자치단체의 장은 재산세 <u>납부세액이 1천만원을 초과</u>하는 경우 납세의무자의 신청을 받아 <u>관할구역에 관계없이</u> 해당 납세의무자의 부동산에 대하여 법령으로 정하는 바에 따라 <u>물납</u>을 허가할 수 있다. ( ) (2013년 제24회)

② 재산세의 <u>물납 신청 후 불허가 통지를 받은 경우</u>에 해당 시·군·구의 <u>다른 부동산으로의 변경신청은 허용되지 않으며 금전으로만 납부하여야 한다.</u> ( ) (2017년 제28회)

③ 재산세를 물납하려는 자는 서류를 갖추어 건축물분 재산세는 7월 31일까지, 토지분 재산세는 9월 30일까지 납세지를 관할하는 시장·군수·구청장에게 신청하여야 한다. ( )

④ 재산세 <u>물납</u>을 허가하는 부동산의 가액은 <u>매년 12월 31일 현재의 시가로 평가한다.</u> ( ) (2011년 제22회)

⑤ 건축물분 재산세의 납부세액이 400만원인 경우, 250만원은 7월 16일부터 7월 31일까지 납부하고 150만원은 8월 1일부터 10월 31일까지 분할납부할 수 있다. ( )

⑥ 토지분 재산세의 납부세액이 600만원인 경우, 300만원은 9월 16일부터 9월 30일까지 납부하고 300만원은 10월 1일부터 12월 31일까지 분할납부할 수 있다. ( )

⑦ 재산세를 분할납부하려는 자는 서류를 갖추어 건축물분 재산세는 7월 21일까지, 토지분 재산세는 9월 20일까지 납세지를 관할하는 시장·군수·구청장에게 신청하여야 한다. ( )

⑧ 시장·군수·구청장은 재산세의 분할납부신청을 받았을 때에는 이미 고지한 납세고지서를 납부기한 내에 납부하여야 할 납세고지서와 분할납부기간 내에 납부하여야 할 납세고지서로 구분하여 수정고지하여야 한다. ( )

⑨ 재산세가 분할납부 대상에 해당할 경우 지방교육세도 함께 분할납부 처리한다. ( )

⑩ 재산세가 분할납부 대상에 해당하는 경우 소방분 지역자원시설세도 함께 분할납부할 수 없다. ( )

족집게문제

62 「지방세법」상 재산세의 물납과 분할납부에 관한 설명으로 틀린 것은 모두 몇 개인가?

> ㉠ 지방자치단체의 장은 재산세의 납부세액이 1천만원을 초과하는 경우 납세의무자의 신청을 받아 관할구역에 관계없이 해당 납세의무자의 부동산에 대하여 물납을 허가할 수 있다.
> ㉡ 재산세를 물납하려는 자는 관련 서류를 갖추어 그 납부기한 10일 전까지 납세지를 관할하는 시장·군수·구청장에게 신청하여야 한다.
> ㉢ 물납을 허가하는 부동산의 가액은 재산세 과세기준일 현재의 시가로 한다.
> ㉣ 지방자치단체의 장은 재산세의 납부세액이 250만원을 초과하는 경우에는 납부할 세액의 일부를 납부기한이 지난 날부터 6개월 이내에 분할납부하게 할 수 있다.
> ㉤ 분할납부하려는 자는 재산세의 납부기한까지 재산세 분할납부신청서를 시장·군수·구청장에게 제출하여야 한다.

① 1개   ② 2개   ③ 3개
④ 4개   ⑤ 5개

물납과 분할납부의 비교

1. 물납의 요건
   ① 재산세: <u>1천만원 초과</u> + <u>관할구역 부동산</u>
2. 분할납부의 요건
   ① 재산세: <u>250만원 초과</u> + <u>3개월 이내</u>
   ① 종합부동산세: <u>250만원 초과</u> + <u>6개월 이내</u>
   ③ 종합소득세, 양도소득세: <u>1천만원 초과</u> + <u>2개월 이내</u>
3. 신청기한
   ① 물납: <u>~기한 10일 전까지</u>
   ① 분할납부: <u>~기한까지</u>

최대분할납부금액

구 분	분납요건	납부세액	최대분납금액
재산세	250만원 초과	300만원	50만원
		600만원	300만원
		1천 200만원	600만원
종합부동산세	250만원 초과	300만원	50만원
		600만원	300만원
		1천 200만원	600만원
양도소득세	1만원 초과	600만원	0원
		1천 200만원	200만원
		3천 600만원	1천 800만원

05 | 종합부동산세

01 종합부동산세의 과세방법

구 분			납세의무자	공정시장가액비율	세부담 상한
주 택	개인	2주택 이하	재산세의 납세의무자	100분의 60	100분의 150
		3주택 이상			
	법인	2주택 이하			없음 (비례세율 적용시)
		3주택 이상			
토 지	종합합산		5억원 초과	100분의 100	100분의 150
	별도합산		80억원 초과		100분의 150

재산세 과세대상의 구분과 종합부동산세와의 연관관계

재산세				종합부동산세의 과세대상
재산세의 과세대상			재산세의 세율구조	
토 지	분리과세대상	(저율)분리과세대상	비례세율	
		(고율)분리과세대상	비례세율	
	합산과세대상	종합합산과세대상	누진세율	○
		별도합산과세대상	누진세율	○
건축물			비례세율	
주택(일반주택 + 고급주택)			누진세율	○
선 박			비례세율	
항공기			비례세율	

종합부동산세의 과세방법

① 재산세 과세대상 중 <u>분리과세대상</u> 토지는 종합부동산세 과세대상이 아니다. ( ) (2009년 제20회)

② 과세기준일 현재 토지분 재산세 납세의무자로서 「자연공원법」에 따라 지정된 <u>공원자연환경지구</u>의 임야를 소유하는 자는 토지에 대한 종합부동산세를 <u>납부할 의무가 있다.</u> ( ) (2019년 제30회)

③ 과세기준일 현재 주택분 재산세의 납세의무자는 종합부동산세를 납부할 의무가 있다. ( ) (2022년 제33회)

④ 과세기준일 현재 토지분 재산세의 납세의무자로서 국내에 소재하는 <u>종합합산과세대상 토지</u>의 공<u>시가격을 합한 금액이 5억원을 초과하는 자</u>는 해당 토지에 대한 종합부동산세를 납부할 의무가 있다. ( ) (2020년 제31회)

⑤ 과세기준일 현재 토지분 재산세의 납세의무자로서 국내에 소재하는 <u>별도합산과세대상 토지</u>의 <u>공시가격을 합한 금액이 80억원을 초과하는 자</u>는 토지에 대한 종합부동산세의 납세의무자이다. ( ) (2017년 제28회)

족집게문제

63 「종합부동산세법」상 종합부동산세에 관한 설명으로 틀린 것은?

① 종합부동산세는 국내에 소재하는 토지에 대하여 「지방세법」의 규정에 의한 종합합산과 세대상, 별도합산과세대상 및 분리과세대상으로 구분하여 과세한다.

② 「체육시설의 설치·이용에 관한 법률 시행령」 제12조에 따른 스키장 및 골프장용 토지 중 원형이 보전되는 임야는 종합부동산세의 과세대상이다.

③ 혼인함으로써 1세대를 구성하는 경우에는 혼인한 날부터 5년 동안은 주택 또는 토지를 소유하는 자와 그 혼인한 자별로 각각 1세대로 본다.

④ 「도로교통법」에 따라 견인된 차를 보관하는 토지로서 같은 법에서 정하는 시설을 갖춘 토지는 종합부동산세의 과세대상이다.

⑤ 재산세의 감면규정은 종합부동산세를 부과하는 경우에 준용한다. 다만, 재산세의 감면규 정에 따라 종합부동산세를 경감하는 것이 종합부동산세를 부과하는 취지에 비추어 적합 하지 않은 것으로 인정되는 경우 등 대통령령으로 정하는 경우에는 종합부동산세를 부 과할 때 재산세의 감면규정을 적용하지 아니한다.

64 「종합부동산세법」상 종합부동산세에 관한 설명으로 틀린 것은?

① 2주택을 소유하여 1천분의 27의 세율이 적용되는 법인 또는 법인으로 보는 단체의 경우 에는 세부담의 상한이 적용되지 아니한다.

② 종합부동산세는 주택에 대한 종합부동산세와 토지에 대한 종합부동산세의 세액을 합한 금액을 그 세액으로 한다. 이 경우 토지에 대한 종합부동산세의 세액은 토지분 종합합산 세액과 토지분 별도합산세액을 합한 금액으로 한다.

③ 1990년 5월 31일 이전부터 사회복지사업자가 복지시설이 소비목적으로 사용할 수 있도 록 하기 위하여 소유하는 농지는 종합부동산세의 과세대상이 아니다.

④ 건축법 등 관계 법령에 따라 허가 등을 받아야 할 건축물로서 허가 등을 받지 아니한 건축물의 부속토지는 종합부동산세의 과세대상이다.

⑤ 「신탁법」 제2조에 따른 수탁자의 명의로 등기 또는 등록된 신탁주택의 경우에는 수탁자 가 종합부동산세를 납부할 의무가 있다.

02 종합부동산세 과세표준의 산정

(1) 주택
① 개인
  ㉠ 일반 : [주택 공시가격 합계액−9억원] × 100분의 60의 공정시장가액비율
  ㉡ 단독소유 + 1세대 1주택 + 거주자 : [주택 공시가격 합계액−12억원] × 100분의 60의 공정시장가액비율
② 비례세율이 적용되는 법인 또는 법인으로 보는 단체 : 주택 공시가격 합계액 × 100분의 60의 공정시장가액비율

(2) 토지
① 종합합산과세대상 토지 : [종합합산 공시가격 합계액−5억원] × 100분의 100의 공정시장가액비율
② 별도합산과세대상 토지 : [별도합산 공시가격 합계액−80억원] × 100분의 100의 공정시장가액비율

합산배제주택 관련 법조문

① 다음의 어느 하나에 해당하는 주택은 과세표준 합산의 대상이 되는 주택의 범위에 포함되지 아니하는 것으로 본다.
  ㉠ 합산배제 임대주택
  ㉡ 등록문화유산 등 종합부동산세를 부과하는 목적에 적합하지 아니한 것으로서 대통령령으로 정하는 주택
② ①의 규정에 따른 주택을 보유한 납세의무자는 해당 연도 9월 16일부터 9월 30일까지 관할세무서장에게 해당 주택의 보유현황을 신고하여야 한다.

종합부동산세 과세표준의 산정

① 거주자인 개인 甲은 국내에 주택 2채(다가구주택 아님)을 보유하고 있는 경우, 주택에 대한 종합부동산세는 甲이 보유한 <u>주택의 공시가격을 합산한 금액에서 9억원을 공제한 금액에 공정시장가액비율(100분의 60)을 곱한 금액(영보다 작은 경우는 영)</u>을 과세표준으로 하여 <u>누진세율</u>로 과세한다. (   ) (2021년 제32회)
② 대통령령으로 정하는 <u>1세대 1주택자(공동명의 1주택자 제외)</u>의 경우 주택에 대한 종합부동산세의 과세표준은 납세의무자별로 주택의 공시가격을 합산한 금액에서 12억원을 공제한 금액에 100분의 60을 곱한 금액으로 한다. 다만, 그 금액이 영보다 작은 경우에는 영으로 본다. (   ) (2023년 제34회)
③ 2주택을 소유하여 1천분의 27의 세율이 적용되는 <u>법인</u>의 경우 주택에 대한 종합부동산세의 과세표준은 납세의무자별로 주택의 공시가격을 합산한 금액에서 0원을 공제한 금액에 100분의 60을 곱한 금액으로 한다. 다만, 그 금액이 영보다 작은 경우에는 영으로 본다. (   ) (2023년 제34회)
④ 「문화유산의 보존 및 활용에 관한 법률」에 따른 <u>등록문화유산</u>은 주택에 대한 종합부동산세의 <u>과세표준 계산시 합산대상</u>이 되는 주택에 해당한다. (   ) (2012년 제22회)
⑤ 과세표준 합산의 대상에 포함되지 않는 주택을 보유한 납세의무자는 해당 연도 10월 16일부터 10월 31일까지 관할 세무서장에게 해당 주택의 <u>보유현황</u>을 신고하여야 한다. (   ) (2022년 제33회)

족집게문제

65 「종합부동산세법」상 종합부동산세에 관한 설명으로 옳은 것은?

① 종합부동산세의 과세대상인 토지의 범위는 재산세의 과세대상인 토지의 범위와 같다.

② 수탁자의 명의로 등기 또는 등록된 신탁토지의 경우에는 위탁자가 종합부동산세를 납부할 의무가 있다. 이 경우 위탁자가 신탁토지를 소유한 것으로 본다.

③ 별도합산과세대상인 토지에 대한 종합부동산세의 과세표준은 납세의무자별로 해당 과세대상토지의 공시가격을 합산한 금액에서 5억원을 공제한 금액에 100분의 70의 공정시장가액비율을 곱한 금액으로 한다. 다만, 그 금액이 영보다 작은 경우에는 영으로 본다.

④ 종합합산과세대상인 토지에 대한 종합부동산세의 과세표준은 납세의무자별로 해당 과세대상토지의 공시가격을 합산한 금액에서 80억원을 공제한 금액에 100분의 70의 공정시장가액비율을 곱한 금액으로 한다. 다만, 그 금액이 영보다 작은 경우에는 영으로 본다.

⑤ 과세표준에 1천분의 50의 세율이 적용되는 3주택을 소유한 법인의 해당 연도에 납부하여야 할 주택에 대한 총세액 상당액이 직전 연도에 주택에 대한 총세액 상당액의 100분의 150을 초과하는 경우에는 그 초과하는 세액에 대하여는 이를 없는 것으로 본다.

03 단독소유 + 1세대 1주택 + 거주자

(1) **과세표준 계산시 공제** : 12억원

(2) **세액공제** : [①과 ②은 최대 100분의 80의 범위 내에서 중복 적용]
① 연령별 세액공제 : 만 60세 이상인 자
　　㉠ 만 60세 이상 만 65세 미만 : 100분의 20
　　㉡ 만 65세 이상 만 70세 미만 : 100분의 30
　　㉢ 만 70세 이상 : 100분의 40
② 보유기간별 세액공제 : 5년 이상 보유한 자
　　㉠ 5년 이상 10년 미만 : 100분의 20
　　㉡ 10년 이상 15년 미만 : 100분의 40
　　㉢ 15년 이상 : 100분의 50

(3) **공동명의 1주택자의 납세의무 등에 관한 특례** : 단독소유 1주택으로 신청할 수 있음

(4) **동거봉양 또는 혼인의 경우 각각 1세대로 보는 기간**
① 동거봉양 : 10년 동안
② 혼인 : 5년 동안

단독소유 + 1세대 1주택 + 거주자

① 과세기준일 현재 만 <u>65세 이상</u>인 자가 보유하고 있는 종합부동산세 과세대상인 토지에 대하여는 **연령에 따른 세액공제를 받을 수 있다.** (　) (2010년 제21회)
② 종합부동산세 과세대상 <u>1세대 1주택자</u>로서 과세기준일 현재 해당 주택을 <u>12년 보유</u>한 자의 보유기간별 세액공제에 적용되는 <u>공제율은 100분의 50</u>이다. (　) (2022년 제32회)
③ <u>1세대 1주택자</u>에 대하여는 주택분 종합부동산세 산출세액에서 소유자의 <u>연령</u>과 주택 <u>보유기간</u>에 따른 공제액을 공제율 합계 <u>100분의 70</u>의 범위에서 중복하여 공제한다. (　) (2021년 제32회)
④ 각각 주택을 소유한 甲과 乙이 2023년 5월 31일 혼인신고한 후 계속하여 보유하는 경우 <u>2024년분</u> 종합부동산세 과세시 혼인한 자별로 각각 1세대로 본다. (　) (2006년 제17회)
⑤ 과세기준일 현재 세대원 중 1인과 그 배우자만이 <u>공동으로 1주택을 소유</u>하고 해당 세대원 및 다른 세대원이 다른 주택을 소유하지 아니한 경우 <u>신청하지 않더라도</u> 공동명의 1주택자를 해당 <u>1주택에 대한 납세의무자로 한다.</u> (　) (2021년 제32회)

족집게문제

66 「종합부동산세법」상 1세대 1주택자에 관한 설명으로 틀린 것은?

① "1세대 1주택자"란 세대원 중 1명만이 주택분 재산세 과세대상인 1주택만을 소유한 경우로서 그 주택을 소유한 거주자를 말한다.

② 「건축법 시행령」 별표 1 제1호 다목에 따른 다가구주택은 1주택으로 보되, 합산배제 임대주택으로 신고한 경우에는 1세대가 독립하여 구분 사용할 수 있도록 구획된 부분을 각각 1주택으로 본다.

③ 합산배제 신고한 「문화유산의 보존 및 활용에 관한 법률」에 따른 등록문화유산은 1세대 1주택자 여부를 판단할 때 1세대가 소유한 주택 수에서 제외한다.

④ 보유기간별 세액공제를 적용할 때 소실·도괴·노후 등으로 인하여 멸실되어 재건축 또는 재개발하는 주택에 대하여는 그 멸실된 주택을 취득한 날부터 보유기간을 계산하고, 배우자로부터 상속받은 주택은 상속인이 해당 주택을 취득한 날부터 보유기간을 계산한다.

⑤ 1세대가 일반 주택과 합산배제 신고한 임대주택을 각각 1채씩 소유한 경우에는 과세기준일 현재 일반 주택에 주민등록이 되어 있고 실제로 거주하고 있는 경우에 한정하여 1세대 1주택자 여부를 판단할 때 1세대가 소유한 주택 수에서 제외한다.

04 1세대 1주택자 판정시 주택 수에서 제외

① 다른 주택의 부속토지
② 일시적으로 2주택이 된 경우: 3년
③ 대통령령으로 정하는 상속주택
④ 대통령령으로 정하는 지방 저가주택

1세대 1주택자 판정시 주택 수에서 제외

① 주택에 대한 종합부동산세의 과세표준을 적용할 때 1주택(주택의 부속토지만을 소유한 경우는 제외)과 다른 주택의 부속토지(주택의 건물과 부속토지의 소유자가 다른 경우의 그 부속토지를 말함)를 함께 소유하고 있는 경우에는 1세대 1주택자로 본다. ( ) (2023년 제34회)

05 수탁자의 명의로 등기 또는 등록된 신탁재산

① 납세의무자: 위탁자
② 신탁주택 관련 수탁자의 물적납세의무: 신탁 설정일 이후에 법정기일이 도래하는 신탁주택과 관련하여 발생 + 위탁자가 체납 + 위탁자의 다른 재산에 대하여 강제징수를 하여도 징수할 금액에 미치지 못할 때

족집게문제

67 「종합부동산세법」상 1세대 1주택자의 범위와 신탁토지 관련 수탁자의 물적납세의무에 관한 설명으로 틀린 것은?

① 1주택(주택의 부속토지만을 소유한 경우는 제외)과 다른 주택의 부속토지(주택의 건물과 부속토지의 소유자가 다른 경우의 그 부속토지를 말함)를 함께 소유하고 있는 경우에는 1세대 1주택자로 보지 아니한다.

② 1세대 1주택자가 보유하고 있는 주택을 양도하기 전에 신규주택을 취득(자기가 건설하여 취득하는 경우를 포함)하여 2주택이 된 경우로서 과세기준일 현재 신규주택을 취득한 날부터 3년이 경과하지 않은 경우에는 1세대 1주택자로 본다.

③ 1주택과 상속받은 주택으로서 대통령령으로 상속주택을 함께 소유하고 있는 경우에는 1세대 1주택자로 본다.

④ 1주택과 주택 소재 지역, 주택 가액 등을 고려하여 대통령령으로 정하는 지방 저가주택을 함께 소유하고 있는 경우에는 1세대 1주택자로 본다.

⑤ 신탁토지의 위탁자가 신탁 설정일 이후에 법정기일이 도래하는 해당 신탁토지와 관련하여 발생한 종합부동산세를 체납한 경우로서 그 위탁자의 다른 재산에 대하여 강제징수를 하여도 징수할 금액에 미치지 못할 때에는 해당 신탁토지의 수탁자는 그 신탁토지로써 위탁자의 종합부동산세를 납부할 의무가 있다.

06 종합부동산세의 세율

구 분			세 율
주 택	개인	2주택 이하	1천분의 5~1천분의 27의 7단계 초과누진세율
		3주택 이상	1천분의 5~1천분의 50의 7단계 초과누진세율
	법인 (공익법인 등은 제외)	2주택 이하	1천분의 27
		3주택 이상	1천분의 50
토 지	종합합산		1천분의 10~1천분의 30의 3단계 초과누진세율
	별도합산		1천분의 5~1천분의 7의 3단계 초과누진세율

07 이중과세 조정과 세율 적용시 주택 수의 계산 등

① 이중과세 조정
  ㉠ 재산세로 부과된 세액은 공제
  ㉡ 가감조정된 세율이 적용된 세액, 세부담 상한을 적용받은 세액
② 세부담의 상한: 직전 연도 과세기준일 현재 소유한 것으로 보아 계산함
③ 세율 적용시 주택 수
  ㉠ 공동소유주택: 공동 소유자 각자
  ㉡ 다가구주택: 1주택
  ㉢ 주택 수에 불포함: 합산배제 임대주택, 합산배제 등록문화재 주택 등

종합부동산세의 세율과 세율 적용시 주택 수 계산

① 3주택 이상을 소유한 거주자인 개인의 주택에 대한 과세표준이 3억원인 경우 적용될 세율은 <u>1천분의 5이다.</u> (   ) (2016년 제27회)
② 납세의무자가 법인이며 3주택 이상을 소유한 경우 소유한 주택 수에 따라 과세표준에 0.5%~5%의 세율을 적용하여 계산한 금액을 주택분 종합부동산세액으로 한다. (   ) (2022년 제33회)
③ 종합합산과세대상인 토지에 대한 종합부동산세의 세액은 과세표준에 1%~5%의 세율을 적용하여 계산한 금액으로 한다. (   ) (2022년 제33회)
④ 별도합산과세대상인 토지에 대한 종합부동산세의 세액은 과세표준에 0.5%~0.8%의 세율을 적용하여 계산한 금액으로 한다. (   ) (2022년 제33회)
⑤ 주택분 종합부동산세액에서 공제되는 재산세는 <u>재산세 표준세율의 100분의 50의 범위에서 가감된 세율이 적용된 경우에는</u> <u>그 세율이 적용되기 전의 세액으로 하고, 재산세 세부담 상한을 적용받은 경우에는</u> 그 상한을 적용받기 전의 세액으로 한다. (   ) (2020년 제31회)
⑥ 주택에 대한 세부담 상한의 기준이 되는 직전 연도에 해당 주택에 부과된 주택에 대한 총세액상당액은 납세의무자가 해당 연도의 과세표준합산주택을 <u>직전 연도 과세기준일에 실제로 소유하였는지의 여부를 불문하고 직전 연도 과세기준일 현재 소유한 것으로 보아 계산한다.</u> (   ) (2017년 제28회)
⑦ 주택분 종합부동산세액을 계산할 때 <u>1주택을 여러 사람이 공동으로 매수하여 소유한 경우 공동소유자 각자가</u> 그 주택을 소유한 것으로 본다. (   ) (2019년 제30회)

족집게문제

68 「종합부동산세법」상 주택과 토지에 대한 과세에 관한 설명으로 옳은 것은?(단, 주어진 조건 외에는 고려하지 아니함)

① 납세의무자가 2주택을 소유한 개인의 경우 과세표준에 1천분의 5~1천분의 50의 7단계 초과누진세율을 적용하여 계산한 금액을 택분 종합부동산세액으로 한다.

② 별도합산과세대상인 토지에 대한 종합부동산세의 세액은 과세표준에 1천분의 10~1천분의 30의 3단계 초과누진세율을 적용하여 계산한 금액으로 한다.

③ 주택에 대한 종합부동산세의 과세표준 계산시 합산배제 임대주택 등 합산배제주택을 보유한 납세의무자는 해당 연도 10월 16일부터 10월 31일까지 납세지 관할 세무서장에게 해당 주택의 보유현황을 신고하여야 한다.

④ 별도합산과세대상인 토지의 과세표준 금액에 대하여 해당 과세대상 토지의 토지분 재산세로 부과된 세액(「지방세법」 제111조 제3항에 따라 가감조정된 세율이 적용된 경우에는 그 세율이 적용된 세액, 같은 법 제122조에 따라 세부담 상한을 적용받은 경우에는 그 상한을 적용받은 세액을 말함)은 토지분 별도합산세액에서 이를 공제한다.

⑤ 주택분 종합부동산세액을 계산할 때 1주택을 여러 사람이 공동으로 매수하여 소유한 경우 지분이 가장 큰 자가 그 주택을 소유한 것으로 본다.

69 거주자인 나부자씨가 국내에 보유하고 있는 토지에 대한 공시가격이다. 「종합부동산세법」상 종합합산과세대상인 토지에 대한 나부자씨의 종합부동산세 과세표준을 계산하면 얼마인가?

> ㉠ 도시지역 밖의 목장용지로서 과세기준일이 속하는 해의 직전 연도를 기준으로 축산용 토지 및 건축물의 기준을 적용하여 계산한 토지면적의 범위를 초과하는 토지 : 5억원
> ㉡ 「건축법」 등 관계 법령에 따라 허가 등을 받아야 할 일반영업용 건축물로서 허가 등을 받지 아니한 건축물 또는 사용승인을 받아야 할 일반영업용 건축물로서 사용승인(임시사용승인을 포함)을 받지 아니하고 사용 중인 건축물의 부속토지 : 20억원
> ㉢ 시지역(읍·면지역 제외)의 산업단지에 위치한 공장용 건축물의 부속토지로서 공장입지기준면적 이내의 토지 : 10억원
> ㉣ 영업용 건축물의 부속토지로서 건축물의 바닥면적에 용도지역별 적용배율을 곱하여 산정한 면적 이내의 토지 : 30억원

① 20억원   ② 25억원   ③ 50억원
④ 55억원   ⑤ 65억원

08 종합부동산세의 절차적 사항

(1) 과세기준일과 납기
① 과세기준일: 매년 6월 1일
② 납기: 매년 12월 1일부터 12월 15일까지

(2) 징수방법
① 관할세무서장의 결정: 납부기간 개시 5일 전까지 납부고지서 발부
② 다만, 선택적 신고납부: 이 경우 관할세무서장의 결정은 없었던 것으로 봄
③ 납세지: 개인은 「소득세법」 준용하고, 법인은 「법인세법」 준용
　㉠ 개인
　　ⓐ 거주자: 주소지 → 거소지
　　ⓑ 비거주자: 국내사업장의 소재지 → 국내원천소득이 발생하는 장소 → 주택 또는 토지의 소재지
　㉡ 법인
　　ⓐ 내국법인: 본점이나 주사무소의 소재지
　　ⓑ 외국법인: 국내사업장의 소재지 → 자산의 소재지
④ 가산세: 무신고 배제, 과소와 납부는 적용

(3) 납부유예
① 과세기준일 현재 1세대 1주택자 + 그 납부기한 만료 3일 전까지 신청 + 담보 제공
② 납부유예 허가의 취소: 해당 주택을 타인에게 양도하거나 증여하는 경우 등

종합부동산세의 절차적 사항

① 관할세무서장은 납부하여야 할 종합부동산세의 세액을 결정하여 해당 연도 12월 1일부터 12월 15일까지 부과·징수한다. ( ) (2023년 제34회)
② 관할세무서장이 종합부동산세를 징수하려면 납부기간 개시 5일 전까지 주택분과 토지분을 합산한 과세표준과세액을 납부고지서에 기재하여 발급하여야 한다. ( ) (2022년 제33회)
③ 종합부동산세를 신고납부방식으로 납부하고자 하는 납세의무자는 종합부동산세의 과세표준과 세액을 관할세무서장이 결정하기 전인 해당 연도 11월 16일부터 11월 30일까지 관할세무서장에게 신고하여야 한다. ( ) (2023년 제34회)
④ 종합부동산세의 납세의무자가 국내에 주소를 두고 있는 개인의 경우 납세지는 주소지이다. ( ) (2018년 제29회)
⑤ 종합부동산세의 납세의무자가 비거주자인 개인으로서 국내사업장이 없고 국내원천소득이 발생하지 아니하는 1주택을 소유한 경우 그 주택 소재지를 납세지로 정한다. ( ) (2020년 제31회)
⑥ 종합부동산세는 무신고가산세를 부과하지 아니한다. ( ) (2006년 제17회)
⑦ 종합부동산세의 납세의무자는 선택에 따라 신고·납부할 수 있으나, 신고를 함에 있어 납부세액을 과소하게 신고한 경우라도 과소신고가산세가 적용되지 않는다. ( ) (2018년 제29회)
⑧ 관할세무서장은 납세의무자가 과세기준일 현재 1세대 1주택자가 아닌 경우 주택분 종합부동산세액의 납부유예를 허가할 수 없다. ( ) (2023년 제34회)
⑨ 관할세무서장은 주택분 종합부동산세액의 납부가 유예된 납세의무자가 해당 주택을 타인에게 양도하거나 증여하는 경우에는 그 납부유예 허가를 취소하여야 한다. ( ) (2023년 제34회)

족집게문제

70 「종합부동산세법」상 종합부동산세에 관한 설명으로 옳은 것은?

① 과세대상 토지가 매매로 유상이전 되는 경우로서 매매계약서 작성일이 2024년 5월 10일이고, 잔금지급 및 소유권이전등기일이 2024년 6월 2일인 경우, 종합부동산세의 납세의무자는 매수인이다.

② 납세의무자가 종합부동산세를 신고하지 아니한 경우 무신고가산세를 적용한다.

③ 관할세무서장은 납세의무자가 토지분 종합합산세액의 납부유예를 그 납부기한 만료 3일 전까지 신청하는 경우 이를 허가할 수 있다. 이 경우 납부유예를 신청한 납세의무자는 그 유예할 주택분 종합부동산세액에 상당하는 담보를 제공하여야 한다.

④ 국내에 주소가 있는 거주자에 대한 종합부동산세의 납세지는 부동산소재지 관할세무서이다.

⑤ 신탁재산에 대하여 「국세징수법」에 따라 강제징수를 하는 경우 「국세기본법」 제35조 제1항에도 불구하고 수탁자는 「신탁법」 제48조 제1항에 따른 신탁재산의 보존 및 개량을 위하여 지출한 필요비 또는 유익비의 우선변제를 받을 권리가 있다.

71 「종합부동산세법」상 종합부동산세에 관한 설명으로 옳은 것은?

① 종합부동산세를 신고납부방식으로 납부하고자 하는 납세의무자는 종합부동산세의 과세표준과 세액을 해당 연도 12월 16일부터 12월 31일까지 관할세무서장에게 신고하여야 한다. 이 경우 관할세무서장의 결정은 없었던 것으로 본다.

② 해당 연도에 납부하여야 할 종합합산과세대상인 토지에 대한 총세액상당액이 직전연도에 종합합산과세대상인 토지에 대한 총세액상당액의 100분의 300을 초과하는 경우에 그 초과하는 세액은 이를 없는 것으로 본다.

③ 관할세무서장은 종합부동산세를 징수하려면 납부고지서에 주택 및 토지로 구분한 과세표준과 세액을 기재하여 납부기간 개시 10일 전까지 발급하여야 한다.

④ 납세자에게 부정행위가 없으며 특례제척기간에 해당하지 않는 경우 원칙적으로 납세의무 성립일부터 7년이 지나면 종합부동산세를 부과할 수 없다.

⑤ 관할세무서장 또는 납세지 관할 지방국세청장은 과세대상 누락, 위법 또는 착오 등으로 인하여 종합부동산세를 새로 부과할 필요가 있거나 이미 부과한 세액을 경정할 경우에는 다시 부과·징수할 수 있다.

08 종합부동산세의 절차적 사항

(3) 분납
① 분납의 요건 : 250만원 초과 + 6개월 이내
② 분납세액
　㉠ 납부하여야 할 세액이 250백만원 초과 500만원 이하 : 해당 세액에서 250만원을 차감한 금액
　㉡ 납부하여야 할 세액이 500만원을 초과 : 해당 세액의 100분의 50 이하의 금액
③ 분납의 신청 : 납부기한까지

종합부동산세의 분납 등

① 종합부동산세의 물납은 허용되지 않는다. (　) (2021년 제32회)
② 종합부동산세로 납부해야 할 세액이 200만원인 경우 관할세무서장은 그 세액의 일부를 납부기한이 지난 날부터 6개월 이내에 분납하게 할 수 있다. (　) (2022년 제33회)
③ 관할세무서장은 종합부동산세로 납부하여야 할 세액이 400만원인 경우 최대 150만원의 세액을 납부기한이 지난 날부터 6개월 이내에 분납하게 할 수 있다. (　) (2019년 제30회)
④ 관할세무서장은 분납신청을 받은 때에는 이미 고지한 납부고지서를 납부기한까지 납부해야 할 세액에 대한 납부고지서와 분납기간 내에 납부해야 할 세액에 대한 납부고지서로 구분하여 수정 고지해야 한다. (　)

족집게문제

72 「종합부동산세법」상 종합부동산세의 부과·징수 등에 관한 설명으로 옳은 것은?

① 관할세무서장은 종합부동산세로 납부하여야 할 세액이 1천만원을 초과하면 물납을 허가할 수 있다.

② 납부고지서를 받은 자가 분납하려는 때에는 종합부동산세의 납부기한 10일 전까지 종합부동산세분납신청서를 관할세무서장에게 제출해야 한다

③ 종합부동산세로 납부하여야 할 세액이 250만원 초과 5백만원 이하인 때에는 해당 세액의 100분의 50 이하의 금액을 납부기한이 지난 날부터 6개월 이내에 분납할 수 있다.

④ 납세의무자는 선택에 따라 신고·납부할 수 있으나, 신고를 함에 있어 납부세액을 과소하게 신고한 경우라도 과소신고·초과환급신고가산세가 적용되지 않는다.

⑤ 관할세무서장은 종합부동산세로 납부하여야 할 세액이 600만원인 경우 최대 300만원의 세액을 납부기한이 지난 날부터 6개월 이내에 분납할 수 있다.

06 | 소득세

01 소득세법 총설

> ① 종합과세 : 이자 + 배당 + 사업소득[부동산임대업과 사업적인 양도(건설업과 부동산매매업)] + 근로 + 연금 + 기타소득
> ② 분류과세 : 퇴직소득과 양도소득
> ③ 거주자 : 국내에 주소를 두거나 183일 이상 거소 - 국내소득 + 국외소득(국외자산양도는 5년 이상)
> ④ 비거주자 : 국내소득

납세의무자 : 개인

구 분	개 념	과세소득의 범위		납세지
		국내소득	국외소득	
거주자	국내에 주소를 두거나 183일 이상 거소를 둔 개인	○	○	주소지 주소지가 없는 경우 : 거소지
비거주자	거주자가 아닌 개인	○	×	국내사업장 소재지 국내원천소득이 발생하는 장소

소득세법 총설

> ① 주택의 임대로 인하여 얻은 과세대상 소득은 사업소득으로서 해당 거주자의 종합소득금액에 합산된다. (   ) (2017년 제28회)
> ② 국외자산 양도시 양도소득세의 납세의무자는 국외자산의 양도일까지 계속하여 3년간 국내에 주소를 둔 거주자이다. (   ) (2014년 제25회)
> ③ 비거주자가 국외 토지를 양도한 경우 양도소득세 납부 의무가 있다. (   ) (2016년 제27회)
> ④ 거주자가 국내 상가건물을 양도한 경우 거주자의 주소지와 상가 건물의 소재지가 다르다면 양도소득세 납세지는 상가건물의 소재지이다. (   ) (2016년 제27회)
> ⑤ 비거주자가 국내 주택을 양도한 경우 양도소득세 납세지는 비거주자의 국외 주소지이다. (   ) (2016년 제27회)
> ⑥ 공동으로 소유한 자산에 대한 양도소득금액을 계산하는 경우에는 해당 자산을 공동으로 소유하는 공유자가 그 양도소득세를 연대하여 납부할 의무를 진다. (   ) (2023년 제34회)
> ⑦ 사업소득에 부동산임대업에서 발생한 소득이 포함되어 있는 사업자는 그 소득별로 구분하여 회계처리하여야 한다. (   ) (2022년 제33회)

족집게문제

73 「소득세법」상 소득세의 납세의무자와 과세소득의 범위 등에 관한 설명으로 옳은 것은?

① 거주자가 양도일까지 계속하여 국내에 3년 이상 주소 또는 거소를 둔 경우 국외에 있는 토지의 양도로 인하여 발생하는 소득에 대하여 양도소득세 납세의무가 있다.

② 소득세의 과세기간은 1월 1일부터 12월 31일까지 1년으로 한다. 다만, 사업자가 연도 중 사업을 폐업한 경우에 과세기간은 1월 1일부터 폐업한 날까지로 한다.

③ 공동으로 소유한 자산에 대한 양도소득금액을 계산하는 경우에는 해당 자산을 공동으로 소유하는 각 거주자가 납세의무를 진다.

④ 국내에 거소를 둔 기간이 2과세기간에 걸쳐 183일 이상인 경우에는 국내에 183일 이상 거소를 둔 것으로 본다.

⑤ 비거주자는 국내에 있는 토지의 양도로 인하여 발생하는 소득에 대하여 양도소득세 납세의무가 없다.

74 「소득세법」상 납세의무자와 과세소득의 범위 등에 관한 설명으로 옳은 것은 모두 몇 개인가?

⊙ 소득세의 과세기간은 1월 1일부터 12월 31일까지 1년으로 한다. 다만, 거주자가 사망한 경우의 과세기간은 1월 1일부터 사망한 날까지로 하고, 거주자가 주소 또는 거소를 국외로 이전하여 비거주자가 되는 경우의 과세기간은 1월 1일부터 출국한 날까지로 한다.

ⓒ 부동산을 양도한 경우 거주자의 소득세 납세지는 부동산 소재지로 한다.

ⓒ 비거주자의 소득세 납세지는 국내사업장의 소재지로 한다. 다만, 국내사업장이 둘 이상 있는 경우에는 주된 국내사업장의 소재지로 하고, 국내사업장이 없는 경우에는 국내원천 소득이 발생하는 장소로 한다.

ⓔ 법인으로 보는 단체 외의 법인 아닌 단체는 국내에 주사무소 또는 사업의 실질적 관리장소를 둔 경우에는 1거주자로, 그 밖의 경우에는 1비거주자로 보아 소득세법을 적용한다.

ⓜ 신탁재산에 귀속되는 소득은 그 신탁의 이익을 받을 수익자(수익자가 사망하는 경우에는 그 상속인)에게 귀속되는 것으로 본다. 다만, 위탁자가 신탁재산을 실질적으로 통제하는 등 대통령령으로 정하는 요건을 충족하는 신탁의 경우에는 그 신탁재산에 귀속되는 소득은 위탁자에게 귀속되는 것으로 본다.

① 1개   ② 2개   ③ 3개
④ 4개   ⑤ 5개

02 양도소득세의 과세대상 : 국내소재로 가정

구 분	○	×
등기되지 않은 토지	○	
허가를 받지 아니한 건축물	○	
지상권	○	
지역권		○
전세권	○	
등기되지 않은 부동산임차권		○
조합원입주권	○	
분양권	○	
토지상환채권과 주택상환사채	○	
사업에 사용하는 토지와 분리되어 양도하는 영업권		○
이축권 토지 또는 건물과 함께 양도하는 이축권	○	
이축권 해당 이축권 가액을 별도로 평가하여 신고하는 경우		○
골프회원권	○	
주식을 소유하는 것만으로 시설물을 배타적으로 이용하게 되는 경우 그 주식	○	
신탁 수익권	○	
건설업과 부동산매매업		○

양도소득세의 과세대상 − 국내소재로 가정

① <u>지역권</u>은 양도소득의 <u>과세대상자산이다</u>. (   ) (2014년 제25회)
② 국내 소재 <u>등기되지 않은 부동산임차권</u>의 양도는 양도소득세 과세대상이다. (   ) (2017년 제28회)
③ <u>영업권</u>(사업에 사용하는 건물과 <u>분리</u>되어 양도되는 것)은 양도소득의 <u>과세대상자산이다</u>. (   )
   (2014년 제25회)
④ 토지 및 건물과 함께 양도하는 「개발제한구역의 지정 및 관리에 관한 특별조치법」에 따른 이축권
   (해당 이축권의 가액을 대통령령으로 정하는 방법에 따라 <u>별도로 평가하여 신고함</u>)은 양도소득의
   <u>과세대상자산이다</u>. (   ) (2023년 제34회)
⑤ <u>법인의 주식을 소유</u>하는 것만으로 <u>시설물을 배타적으로 이용</u>하게 되는 경우 그 주식의 양도는 양
   도소득세 과세대상이다. (   ) (2017년 제28회)
⑥ 주거용 건물<u>건설업</u>자가 당초부터 판매할 목적으로 신축한 다가구주택을 양도하는 경우에는 <u>양도
   소득세 과세대상이 아니다</u>. (   ) (2012년 제23회)
⑦ 부동산매매업자가 토지를 개발하여 주택지 등으로 분할 판매하는 경우 <u>양도소득세 과세대상이다</u>.
   (   )

족집게문제

75 「소득세법」상 거주자의 양도소득세 과세대상은 모두 몇 개인가?(단, 거주자가 국내 자산을 양도한 것으로 가정함)

> ㉠ 등기되지 않은 부동산임차권
> ㉡ 법인의 주식 등을 소유하는 것만으로 시설물을 배타적으로 이용하거나 일반이용자보다 유리한 조건으로 시설물이용권을 부여받게 되는 경우 그 주식 등
> ㉢ 사업에 사용하는 토지 또는 건물 및 부동산에 관한 권리과 함께 양도하는 영업권(영업권을 별도로 평가하지 아니하였으나 사회통념상 자산에 포함되어 함께 양도된 것으로 인정되는 영업권과 행정관청으로부터 인가·허가·면허 등을 받음으로써 얻는 경제적 이익을 포함)
> ㉣ 부동산매매계약을 체결한 거주자가 계약금액만 지급한 상태에서 양도하는 권리
> ㉤ 지방자치단체·한국토지공사가 발행하는 토지상환채권 및 주택상환사채

① 1개   ② 2개   ③ 3개
④ 4개   ⑤ 5개

76 「소득세법」상 양도소득세 과세대상을 모두 고른 것은?(단, 거주자가 국내 자산을 양도한 것으로 가정함)

> ㉠ 이용권·회원권 및 그 밖에 그 명칭과 관계없이 시설물을 배타적으로 이용하거나 일반이용자보다 유리한 조건으로 이용할 수 있도록 약정한 단체의 구성원이 된 자에게 부여되는 시설물이용권
> ㉡ 지역권
> ㉢ 전세권
> ㉣ 부동산을 취득할 수 있는 권리(건물이 완성되는 때에 그 건물과 이에 딸린 토지를 취득할 수 있는 권리를 포함)
> ㉤ 신탁 수익권

① ㉠, ㉡   ② ㉢, ㉣   ③ ㉠, ㉢, ㉣
④ ㉠, ㉢, ㉣, ㉤   ⑤ ㉠, ㉡, ㉢, ㉣, ㉤

03 양도로 보는 경우와 양도로 보지 않는 경우

구 분				○	×
무상이전					○
현물출자				○	
대물변제				○	
이혼에 따른 위자료				○	
이혼에 따른 재산분할					○
수용				○	
부담부증여	일반	채무액		○	
		채무액을 제외한 부분			○
	배우자 직계존비속	채무액	원칙		○
			입증되는 경우	○	
		채무액을 제외한 부분			○
환지처분으로 지목 또는 지번의 변경					○
보류지로 충당					○
양도담보	계약체결시				○
	채무불이행			○	
신탁	설정 + 수탁자에게 이전				○
	해지 + 소유권 이전등기				○
	위탁자의 지배를 벗어나는 경우			○	
공유물 분할	지분 변경 없음				○
	지분 변경 있음			○	
매매원인 무효의 소					○
경매·공매로 인하여 자기가 재취득					○

양도로 보는 경우와 양도로 보지 않는 경우

① <u>무상이전</u>에 따라 자산의 소유권이 변경된 경우에는 <u>양도소득세 과세대상이 되지 아니한다.</u> (   )
(2017년 제28회)

② 법원의 확정판결에 의한 <u>이혼위자료</u>로 배우자에게 토지의 소유권을 이전하는 경우에는 양도에 해당한다. (   ) (2015년 제26회)

③ 부담부증여시 그 증여가액 중 채무액에 해당하는 부분을 <u>제외한 부분</u>은 양도에 해당한다. (   )
(2017년 제28회)

④ 「도시개발법」이나 그 밖의 법률에 따른 <u>환지처분으로 지목 또는 지번이 변경</u>되거나 <u>보류지로 충당</u>되는 경우는 양도로 본다. (   ) (2017년 제28회)

⑤ <u>매매원인 무효의 소</u>에 의하여 그 매매사실이 원인무효로 판시되어 환원될 경우에는 <u>양도에 해당한다.</u>
(   ) (2017년 제28회)

족집게문제

77 「소득세법」상 양도에 해당하는 것을 모두 고른 것은?

㉠ 위탁자와 수탁자 간 신임관계에 기하여 위탁자의 자산에 신탁이 설정되고 그 신탁재산의 소유권이 수탁자에게 이전된 경우로서 위탁자가 신탁 설정을 해지하거나 신탁의 수익자를 변경할 수 있는 등 신탁재산을 실질적으로 지배하고 소유하는 것으로 볼 수 있는 경우

㉡ 배우자 간 또는 직계존비속 간의 부담부증여(「상속세 및 증여세법」 제44조에 따라 증여로 추정되는 경우를 포함)로서 수증자에게 인수되지 아니한 것으로 추정되는 채무액

㉢ 토지의 경계를 변경하기 위하여 「공간정보의 구축 및 관리 등에 관한 법률」 제79조에 따른 토지의 분할 등 대통령령으로 정하는 방법과 절차로 하는 토지 교환의 경우

㉣ 공동소유의 토지를 공유자지분 변경없이 2개 이상의 공유토지로 분할하였다가 공동지분의 변경없이 그 공유토지를 소유지분별로 단순히 재분할 하는 경우

㉤ 양도담보계약을 체결한 후 채무불이행으로 인하여 해당 부동산을 변제에 충당한 경우

① ㉤   ② ㉡, ㉣   ③ ㉠, ㉣
④ ㉠, ㉡, ㉣   ⑤ ㉠, ㉡, ㉢, ㉣, ㉤

78 「소득세법」상 양도에 해당하는 것은 모두 몇 개인가?

㉠ 공동사업을 경영할 것을 약정하는 계약에 따라 「소득세법」 제94조 제1항의 자산을 해당 공동사업체에 현물출자하는 경우

㉡ 이혼으로 인하여 혼인중에 형성된 부부공동재산을 「민법」 제839조의2에 따라 재산분할 하는 경우

㉢ 소유자산을 경매·공매로 인하여 자기가 재취득하는 경우

㉣ 「도시개발법」이나 그 밖의 법률에 따른 환지처분에 따라 교부받은 토지의 면적이 환지처분에 따른 권리면적보다 감소하여 환지청산금 교부 대상인 부분의 경우

㉤ 토지소유자가 「도시개발법」에 의한 도시개발사업 등으로 환지받은 토지를 양도하거나 도시개발사업 시행자가 공사대금으로 취득한 보류지를 양도하는 경우

① 1개   ② 2개   ③ 3개
④ 4개   ⑤ 5개

04 1세대 1주택 양도의 비과세

(I) 1세대

① 거주자 및 그 배우자. 부부가 각각 단독세대를 구성한 경우에도 동일한 세대
② 배우자가 없어도 1세대로 보는 경우 : 30세 이상, 사망하거나 이혼, 기준 중위소득을 12개월로 환산한 금액의 100분의 40 이상

(2) 1주택 : 양도일 현재 국내에 1주택

① 사실상 주거용으로 사용하는 건물
② 주택부수토지의 한도

구 분			배 율
도시지역 내	수도권 내	주거지역 · 상업지역 및 공업지역	3배
		녹지지역	5배
	수도권 밖		5배
도시지역 밖			10배

③ 겸용주택

구 분	겸용주택의 판단	
	일반주택	고가주택
주택 연면적 > 주택 외 연면적	전부 주택	주택 부분만 주택
주택 연면적 ≦ 주택 외 연면적	주택 부분만 주택	주택 부분만 주택

④ 다가구주택 : 구획된 부분을 각각 하나의 주택. 다만, 하나의 매매단위로 하여 양도하는 경우에는 그 전체를 하나
⑤ 고가주택 : 양도당시 실지거래가액의 합계액이 12억원 초과
⑥ 공동소유주택 : 특별한 규정이 있는 것 외에는 공동 소유자 각자

1세대 1주택 양도의 비과세

① 파산선고에 의한 처분으로 발생하는 소득은 비과세된다. ( ) (2023년 제34회)
② 「지적재조사에 관한 특별법」에 따른 경계의 확정으로 지적공부상의 면적이 감소되어 같은 법에 따라 지급받는 조정금은 비과세된다. ( ) (2023년 제34회)
③ 국내에 주택1채와 토지를, 국외에 1채의 주택을 소유하고 있는 거주자 甲이 국내주택을 먼저 양도하는 경우 2년 이상 보유한 경우라도 1세대 2주택에 해당하므로 양도소득세가 과세된다. ( ) (2012년 제23회)
④ 소유하고 있던 공부상 주택인 1세대 1주택을 전부 영업용 건물로 사용하다가 양도한 때에는 양도소득세 비과세대상인 1세대 1주택으로 보지 아니한다. ( ) (2010년 제21회)
⑤ 양도소득세에서 "고가주택"이란 기준시가 12억원을 초과하는 주택을 말한다. ( ) (2020년 제31회)

족집게문제

79 「소득세법」상 비과세 양도소득에 관한 설명으로 틀린 것은?

① 1세대 1주택 비과세 규정을 적용하는 경우 부부가 각각 세대를 달리 구성하는 경우에도 동일한 세대로 본다.

② 1세대 1주택의 비과세요건을 갖춘 대지와 건물을 동일한 세대의 구성원이 각각 소유하고 있는 경우에도 이를 1세대 1주택으로 본다.

③ 주택에 부수되는 토지면적은 주택정착면적의 도시지역 밖의 토지는 10배를 초과하지 아니하는 것으로 주택일부의 무허가 정착면적도 포함하여 계산한다.

④ 1세대 1주택에 대한 비과세 규정을 적용함에 있어 하나의 건물이 주택과 주택 외의 부분으로 복합되어 있는 고가주택인 겸용주택의 경우, 주택의 연면적이 주택 외의 연면적보다 클 때에는 그 전부를 주택으로 본다.

⑤ 비거주자에 대하여는 주거생활 안정 목적에서 운영되는 1세대 1주택의 비과세는 적용되지 아니한다.

80 「소득세법」상 비과세 양도소득에 관한 설명으로 옳은 것을 모두 고른 것은?

> ⊙ 「건축법 시행령」 별표 1 제1호 다목에 해당하는 다가구주택은 해당 다가구주택을 구획된 부분별로 분양하지 아니하고 하나의 매매단위로 하여 양도하는 경우 그 구획된 부분을 각각 하나의 주택으로 본다.
>
> ⓛ 1주택을 여러 사람이 공동으로 소유한 경우 특별한 규정이 있는 것 외에는 주택 수를 계산할 때 지분이 가장 큰 자가 그 주택을 소유한 것으로 본다.
>
> ⓒ "주택"이란 허가 여부나 공부상의 용도구분과 관계없이 세대의 구성원이 독립된 주거생활을 할 수 있는 구조로서 사실상 주거용으로 사용하는 건물을 말한다. 이 경우 그 용도가 분명하지 아니하면 공부상의 용도에 따른다.
>
> ⓔ "1세대"란 거주자 및 그 배우자(법률상 이혼을 하였으나 생계를 같이 하는 등 사실상 이혼한 것으로 보기 어려운 관계에 있는 사람을 포함)가 그들과 같은 주소 또는 거소에서 생계를 같이 하는 자[거주자 및 그 배우자의 직계존비속(그 배우자를 포함) 및 형제자매를 말하며, 취학, 질병의 요양, 근무상 또는 사업상의 형편으로 본래의 주소 또는 거소에서 일시 퇴거한 사람을 포함]와 함께 구성하는 가족단위를 말한다.
>
> ⓜ 「지적재조사에 관한 특별법」 제18조에 따른 경계의 확정으로 지적공부상의 면적이 감소되어 같은 법 제20조에 따라 지급받는 조정금에 대해서는 양도소득세를 과세한다.

① ㉢, ㉣　　　　② ㉠, ㉡, ㉤　　　　③ ㉡, ㉢, ㉣
④ ㉡, ㉢, ㉣, ㉤　　　⑤ ㉠, ㉡, ㉢, ㉣, ㉤

04 1세대 1주택 양도의 비과세

> (2) 1주택 : 양도일 현재 국내에 1주택
>
> > ⑦ 1세대 2주택을 1주택으로 보는 경우
> > ⊙ 수도권 밖 : 사유가 해소된 날부터 3년 이내
> > ⓛ 동거봉양 : 한 사람이 60세 이상 또는 요양급여는 60세 미만 + 10년 이내
> > ⓒ 혼인 : 5년 이내
> > ② 농어촌주택 : 일반주택을 양도하는 경우. 귀농주택귀농주택(3년 이상 영농·영어)은 5년 이내 일반주택 양도
> > ⑪ 일시적인 2주택 : <u>1년 이상이 지난 후</u> + <u>3년 이내</u>
> > ⑭ 상속 : 상속개시 당시 보유한 일반주택(상속개시일부터 소급하여 2년 이내에 증여받은 주택 등은 제외)을 양도하는 경우
> > ⊗ 지정문화재 및 국가등록문화재 : 일반주택을 양도하는 경우

비과세 양도소득 관련 법조문

> 다음의 소득에 대해서는 양도소득에 대한 소득세를 과세하지 아니한다.
> ① 파산선고에 의한 처분으로 발생하는 소득
> ② 대통령령으로 정하는 경우에 해당하는 농지의 **교환 또는 분합**으로 발생하는 소득
> ③ 1세대가 1주택을 보유하는 경우로서 주택(주택 및 이에 딸린 토지의 <u>양도 당시 실지거래가액의 합계액이 12억원을 초과하는 고가주택</u>은 제외)과 이에 딸린 토지로서 건물이 정착된 면적에 지역별로 대통령령으로 정하는 배율을 곱하여 산정한 면적 이내의 토지(주택부수토지)의 양도로 발생하는 소득 등
> ④ 조합원입주권을 1개 보유한 1세대가 해당 조합원입주권을 양도하여 발생하는 소득
> ⑤ 지적재조사에 관한 특별법 제18조에 따른 경계의 확정으로 지적공부상의 면적이 감소되어 같은 법 제20조에 따라 지급받는 조정금

1세대 1주택 양도의 비과세

> ① 취학 등 부득이한 사유로 취득한 <u>수도권 밖에 소재하는 주택</u>과 일반주택을 국내에 각각 1개씩 소유하고 있는 1세대가 부득이한 사유가 해소된 날부터 3년 이내에 일반주택을 양도하는 경우에는 국내에 1개의 주택을 소유하고 있는 것으로 보아 제154조 제1항을 적용한다. ( ) (2022년 제33회)
> ② 1주택을 보유하는 자가 1주택을 보유하는 자와 **혼인**함으로써 1세대가 2주택을 보유하게 되는 경우 **혼인한 날부터 5년 이내**에 먼저 양도하는 주택은 이를 1세대 1주택으로 보아 제154조 제1항을 적용한다. ( ) (2022년 제33회)
> ③ 영농의 목적으로 취득한 <u>귀농주택</u>으로서 수도권 밖의 지역 중 면지역에 소재하는 주택과 일반주택을 국내에 각각 1개씩 소유하고 있는 1세대가 **귀농주택을 취득한 날부터 5년 이내**에 일반주택을 양도하는 경우에는 국내에 1개의 주택을 소유하고 있는 것으로 보아 제154조 제1항을 적용한다. ( ) (2022년 제33회)

족집게문제

81 「소득세법」상 고가주택이 아닌 국내 소재 1세대 1주택의 비과세규정에 관한 설명으로 틀린 것은?(단, 주어진 조건 외에는 다른 비과세요건은 고려하지 아니함)

① 국내에 1주택을 소유한 1세대가 종전의 주택을 양도하기 전에 신규 주택을 취득(자기가 건설하여 취득한 경우를 포함)함으로써 일시적으로 2주택이 된 경우 종전의 주택을 취득한 날부터 1년 이상이 지난 후 신규 주택을 취득하고 신규 주택을 취득한 날부터 3년 이내에 종전의 주택을 양도하는 경우에는 이를 1세대 1주택으로 보아 비과세 규정을 적용한다.

② 상속받은 주택과 일반주택을 국내에 각각 1개씩 소유하고 있는 1세대가 상속받은 주택을 양도하는 경우에는 국내에 1개의 주택을 소유하고 있는 것으로 보아 비과세 규정을 적용한다.

③ 취학, 근무상의 형편, 질병의 요양, 그 밖에 부득이한 사유로 취득한 수도권 밖에 소재하는 주택과 일반주택을 국내에 각각 1개씩 소유하고 있는 1세대가 부득이한 사유가 해소된 날부터 3년 이내에 일반주택을 양도하는 경우에는 국내에 1개의 주택을 소유하고 있는 것으로 보아 비과세 규정을 적용한다.

④ 1주택을 보유하고 1세대를 구성하는 자가 1주택을 보유하고 있는 60세 이상의 직계존속을 동거봉양하기 위하여 세대를 합침으로써 1세대가 2주택을 보유하게 되는 경우 합친 날부터 10년 이내에 먼저 양도하는 주택은 이를 1세대 1주택으로 보아 비과세 규정을 적용한다.

⑤ 2개 이상의 주택을 같은 날에 양도하는 경우에는 당해 거주자가 선택하는 순서에 따라 주택을 양도한 것으로 본다.

82 甲은 비과세요건을 충족한 도시지역 내의 수도권 밖에 소재하는 등기된 단층형 겸용주택을 양도하였다. 「소득세법」상 양도소득세가 비과세되는 면적은?(단, 고가주택은 아니라고 가정함)

> • 건물: 주택 $200m^2$, 점포 $300m^2$
> • 토지: 건물 부수토지: $1,200m^2$

① 건물 $200m^2$, 토지 $480m^2$ ② 건물 $200m^2$, 토지 $1,000m^2$
③ 건물 $200m^2$, 토지 $1,200m^2$ ④ 건물 $300m^2$, 토지 $200m^2$
⑤ 건물 $300m^2$, 토지 $720m^2$

양도소득세 겸용주택의 계산산식 : 주택의 연면적 ≦ 주택 외의 부분의 연면적

> (1) 건물: 주택 부분만 주택
> (2) 주택부수토지: 둘 중 작은 것(①, ②)
>   ① 전체 토지면적 × (주택의 연면적／건물의 연면적)
>   ② 한도: 주택정착면적 × 배율

[04] 1세대 1주택 양도의 비과세

> (3) 1세대 1주택의 경우로서 보유기간 및 거주기간의 제한을 받지 아니하는 경우
>
> > ① 건설임대주택 + 임차일부터 양도일까지 거주한 기간이 5년 이상
> > ② 사업인정 고시일 전 취득 + 수용
> > ③ 해외이주 + 출국일부터 2년 이내
> > ④ 1년 이상 국외거주를 필요로 하는 취학 또는 근무상 + 출국일부터 2년 이내
> > ⑤ 다른 시·군으로 취학, 근무상, 질병요양 + 1년 이상 거주

1세대 1주택 양도의 비과세

> ① 거주하거나 보유하는 중에 소실·무너짐·노후 등으로 인하여 멸실되어 재건축한 주택인 경우에는 그 멸실된 주택과 재건축한 주택에 대한 거주기간 및 보유기간을 통산한다. (   ) (2005년 제16회)
> ② 비거주자가 해당 주택을 3년 이상 계속 보유하고 그 주택에서 거주한 상태로 거주자로 전환된 경우에는 해당 주택에 대한 거주기간 및 보유기간을 통산한다. (   )
> ③ 상속받은 주택으로서 상속인과 피상속인이 상속개시 당시 동일세대인 경우에는 상속개시 전에 상속인과 피상속인이 동일세대로서 거주하고 보유한 기간을 통산한다. (   )

족집게문제

83 「소득세법」상 1세대 1주택의 비과세규정에 관한 설명으로 옳은 것을 모두 고른 것은?

> ㉠ 비거주자에 대하여는 1세대 1주택의 비과세 및 1세대 1주택의 장기보유특별공제는 적용되지 아니한다.
> ㉡ 비거주자가 해당 주택을 2년 이상 계속 보유하고 그 주택에서 거주한 상태로 거주자로 전환된 경우에는 해당 주택에 대한 거주기간 및 보유기간을 통산한다.
> ㉢ 상속받은 주택으로서 상속인과 피상속인이 상속 개시 당시 동일세대인 경우에도 상속개시 전에 상속인과 피상속인이 동일세대로서 거주하고 보유한 기간을 통산하지 아니한다.
> ㉣ 단독주택으로 보는 다가구주택의 경우에는 그 전체를 하나의 주택으로 보아 고가주택에 해당하는지를 판단한다.
> ㉤ 1주택 및 이에 딸린 토지의 일부를 양도하거나 일부가 타인 소유인 경우로서 실지거래가액 합계액에 양도하는 부분(타인 소유부분을 포함)의 면적이 전체 주택면적에서 차지하는 비율을 나누어 계산한 금액이 12억원을 초과하는 경우에는 고가주택으로 본다.

① ㉠, ㉣, ㉤
② ㉡, ㉢, ㉣
③ ㉠, ㉢, ㉣, ㉤
④ ㉠, ㉡, ㉢, ㉣
⑤ ㉠, ㉡, ㉢, ㉣, ㉤

84 「소득세법」상 고가주택이 아닌 국내 소재 등기된 1세대 1주택을 양도한 경우로서 양도소득세 비과세대상이 아닌 것은?(단, 주택의 취득당시 조정대상지역은 아니라고 가정함)

① 충청북도에 소재하는 주택을 1년 6개월 동안 보유하고 양도한 경우로서, 사업인정고시일 전에 취득한 주택이 법률에 의하여 수용된 경우

② 경상북도에 소재하는 출국일 현재 1주택을 1년 6개월 동안 보유하고 양도한 경우로서, 양도일부터 1년 전에 세대전원이 「해외이주법」에 따른 해외이주로 출국한 경우

③ 경기도에 소재하는 출국일 현재 1주택을 1년 6개월 동안 보유하고 양도한 경우로서, 양도일부터 1년 전에 1년 이상 해외거주를 필요로 하는 근무상의 형편으로 세대전원이 출국한 경우

④ 충청남도에 소재하는 주택을 1년 6개월 동안 보유하고 그 보유기간 중 6개월 동안 거주하다 양도한 경우로서, 법령이 정하는 근무상의 형편으로 다른 시로 이사한 경우

⑤ 「민간임대주택에 관한 특별법」에 따른 민간건설임대주택을 1년 전에 취득하여 양도한 경우로서, 해당 건설임대주택의 임차일부터 해당 주택의 양도일까지 세대전원이 거주한 기간이 6년 5개월인 경우

05 농지의 교환 또는 분합에 대한 비과세

① 농지의 범위: 논밭이나 과수원
② 비과세 요건: 쌍방 토지가액의 차액이 가액이 큰 편의 4분의 1 이하
③ 경작상 필요: 3년 이상 경작. 수용되는 경우에는 3년 이상 농지 소재지에 거주하면서 경작한 것으로 보며, 피상속인의 경작기간과 상속인의 경작기간을 통산

농지의 교환 또는 분합에 대한 비과세 등

① 농지란 논밭이나 과수원으로서 지적공부의 지목과 관계없이 실제로 경작에 사용되는 토지를 말하며, 농지의 경영에 직접 필요한 농막, 퇴비사, 양수장, 지소(池沼), 농도(農道) 및 수로(水路) 등에 사용되는 토지를 포함한다. (   ) (2019년 제30회)
② 「국토의 계획 및 이용에 관한 법률」에 따른 주거지역·상업지역·공업지역 외에 있는 농지(환지예정지 아님)를 경작상 필요에 의하여 교환함으로써 발생한 소득은 쌍방 토지가액의 차액이 가액이 큰 편의 4분의 1 이하이고 새로이 취득한 농지를 3년 이상 농지소재지에 거주하면서 경작하는 경우 비과세한다. (   ) (2019년 제30회)
③ 당해 농지에 대하여 환지처분 이전에 농지 외의 토지로 환지예정지의 지정이 있는 경우로서 그 환지예정지 지정일부터 3년이 지난 농지에 대하여는 농지의 비과세를 적용하지 아니한다. (   )
④ 「국토의 계획 및 이용에 관한 법률」에 따른 도시지역 중 녹지지역 및 개발제한구역에 있는 농지와 도시지역에 편입된 날부터 3년이 지나지 아니한 농지는 비사업용 토지에 해당하지 아니한다. (   )
⑤ 비사업용 토지에 해당하는지 여부를 판단함에 있어 농지의 판정은 소득세법령상 규정이 있는 경우를 제외하고 사실상의 현황에 의하며 사실상의 현황이 분명하지 아니한 경우에는 공부상의 등재현황에 의한다. (   ) (2019년 제30회)

족집게문제

85 「소득세법」상 농지 교환으로 인한 양도소득세 비과세규정에 관한 설명으로 옳은 것은 모두 몇 개인가?(단, 「국토의 계획 및 이용에 관한 법률」에 따른 주거지역·상업지역·공업지역 외에 있는 농지이며, 환지예정지는 아님)

> ㉠ 교환하는 쌍방 토지가액의 차액이 가액이 큰 편의 3분의 1 이하인 경우를 말한다.
>
> ㉡ 경작상 필요에 의하여 교환하는 농지는 교환에 의하여 새로이 취득하는 농지를 3년 이상 농지소재지에 거주하면서 경작하는 경우에 한한다.
>
> ㉢ 경작상 필요에 의하여 교환하는 농지는 새로운 농지의 취득 후 3년 이내에 법률에 의하여 수용되는 경우에는 3년 이상 농지소재지에 거주하면서 경작한 것으로 본다.
>
> ㉣ 경작상 필요에 의하여 교환하는 농지는 새로운 농지 취득 후 3년 이내에 농지 소유자가 사망한 경우로서 상속인이 농지소재지에 거주하면서 계속 경작한 때에는 피상속인의 경작기간과 상속인의 경작기간을 통산한다.
>
> ㉤ 경작상 필요에 의하여 교환하는 농지에서 "농지소재지"라 함은 농지가 소재하는 시·군·구 안의 지역과 이에 연접한 시·군·구 안의 지역 및 농지로부터 직선거리 30킬로미터 이내에 있는 지역을 말한다.

① 1개　　　　　　② 2개　　　　　　③ 3개
④ 4개　　　　　　⑤ 5개

06 미등기양도제외 자산 : 법령이 정하는 자산

① 장기할부조건
② 법률의 규정 또는 법원의 결정
③ 비과세대상 농지의 교환 또는 분합, 감면대상 자경농지 및 농지대토
④ 비과세요건을 충족한 1세대 1주택 등
⑤ 도시개발법에 따른 취득등기를 하지 아니하고 양도하는 토지
⑥ 도시개발법에 따라 체비지를 양도

미등기양도자산(미등기양도 제외자산 아님)에 대한 제재

구 분	제재의 내용
비과세와 감면	배제
필요경비개산공제	등기 100분의 3(미등기는 1,000분의 3)
장기보유특별공제	배제
양도소득기본공제	배제
세율	100분의 70

거래가액을 다르게 적은 경우 비과세 또는 감면의 배제 관련 법조문

매매계약서의 거래가액을 실지거래가액과 다르게 적은 경우에는 비과세 또는 감면받았거나 받을 세액에서 비과세의 경우 양도소득 산출세액 또는 감면의 경우 감면세액과 매매계약서의 거래가액과 실지거래가액과의 차액 중 적은 금액을 뺀다.

미등기양도제외 자산 — 법령이 정하는 자산

① 미등기양도자산도 양도소득에 대한 소득세의 비과세에 관한 규정을 적용할 수 있다. ( ) (2018년 제29회)
② 건설사업자가 「도시개발법」에 따라 공사용역 대가로 취득한 체비지를 토지구획환지처분공고 전에 양도하는 토지는 양도소득세 비과세가 배제되는 미등기양도자산에 해당하지 않는다. ( ) (2023년 제34회)
③ 「도시개발법」에 따른 도시개발사업이 종료되지 아니하여 토지 취득등기를 하지 아니하고 양도하는 토지는 미등기양도자산에 해당하지 않는다. ( ) (2021년 제32회)

족집게문제

86 「소득세법」상 거주자의 양도소득에 대한 납세의무에 관한 설명으로 틀린 것은?

① 비과세요건을 충족한 1세대 1주택으로서 「건축법」에 의한 건축허가를 받지 아니하여 등기가 불가능한 미등기주택은 양도소득세 비과세가 배제되는 미등기양도자산에 해당하지 않는다.

② 법률의 규정 또는 법원의 결정에 의하여 양도당시 그 자산의 취득에 관한 등기가 불가능한 미등기주택은 양도소득세 비과세가 배제되는 미등기양도자산에 해당하지 않는다.

③ 「소득세법」상 미등기양도자산(미등기양도제외자산 아님)에 대해서는 필요경비개산공제를 적용하지 아니한다.

④ 「소득세법」상 미등기양도자산(미등기양도제외자산 아님)에 대해서는 장기보유특별공제와 양도소득기본공제를 적용하지 아니한다.

⑤ 국내에 주택 1채와 국외에 주택 1채를 소유하고 있는 거주자 甲이 등기된 국내주택을 먼저 양도하는 경우 1세대 1주택에 해당한다.

87 「소득세법」상 양도소득세 비과세대상인 1세대 1주택을 거주자 甲이 특수관계 없는 乙에게 다음과 같이 양도한 경우, 양도소득세의 비과세에 관한 규정을 적용할 때 비과세 받을 세액에서 뺄 금액은 얼마인가?

> ⊙ 양도계약 체결일 : 2024년 9월 23일
> ⊙ 양도계약서상의 거래가액 : 5억 7천만원
> ⊙ 양도시 시가 및 실지거래가액 : 5억원
> ⊙ 甲의 주택에 양도소득세 비과세에 관한 규정을 적용하지 않을 경우 양도소득 산출세액 : 5천만원

① 0원　　② 1천만원　　③ 2천만원
④ 5천만원　　⑤ 7천만원

07 양도 또는 취득시기

① 대금을 청산한 날. 양수자가 부담하는 양도소득세 등은 제외
② 대금을 청산한 날이 불분명: 등기·등록접수일 또는 명의개서일
③ 대금을 청산하기 전 등기: 등기접수일
④ 장기할부조건: 소유권이전등기접수일·인도일 또는 사용수익일 중 **빠른 날**
⑤ 자기가 건설한 건축물
　㉠ 허가: 사용승인서 교부일과 사실상의 사용일 또는 임시사용승인을 받은 날 중 **빠른 날**
　㉡ 무허가: 사실상의 사용일
⑥ 상속: 상속이 개시된 날
⑦ 증여: 증여를 받은 날
⑧ 점유: 점유를 개시한 날
⑨ 수용: 대금을 청산한 날, 수용의 개시일 또는 소유권이전등기접수일 중 **빠른 날**. 다만, 소송으로 보상금이 공탁된 경우에는 소유권 관련 소송 판결 확정일
⑩ 대금을 청산한 날까지 완성 또는 확정되지 아니한 경우: 완성 또는 확정된 날
⑪ 환지처분: 환지 전. 다만, 증감된 경우는 환지처분의 공고가 있은 날의 다음 날
⑫ 무효판결: 당초 취득일

양도 또는 취득시기

① 부동산의 양도에 대한 양도소득세를 양수자가 부담하기로 약정한 경우, 양도시기인 대금청산일 판단시 그 대금에는 양도소득세를 <u>제외</u>한다. (　) (2010년 제21회)
② 대금을 청산한 날이 분명하지 아니한 경우에는 등기부·등록부 또는 명부 등에 기재된 <u>등기·등록접수일</u> 또는 <u>명의개서일</u>이다. (　) (2021년 제32회)
③ 자기가 건설한 건축물에 있어서는 <u>사용승인서 교부일</u>로 한다. 다만, <u>사용승인서 교부일 전에 사실상 사용하거나 임시사용승인을 받은 경우에는</u> <u>그 사실상의 사용일 또는 임시사용승인을 받은 날 중 **빠른 날**</u>로 하고 건축허가를 받지 아니하고 건축하는 건축물에 있어서는 그 사실상의 사용일로 한다. (　)
④ 「도시개발법」에 따른 환지처분으로 교부받은 토지의 면적이 환지처분에 의한 권리면적보다 <u>증가</u>한 경우 그 증가된 면적의 토지에 대한 취득시기는 <u>환지처분의 공고가 있은 날의 다음날</u>이다. (　) (2018년 제29회)

족집게문제

88 「소득세법」상 양도차익을 계산함에 있어서 양도 또는 취득시기에 관한 설명으로 옳은 것은?

① 「공익사업을 위한 토지 등의 취득 및 보상에 관한 법률」에 따라 공익사업을 위하여 수용되는 경우: 사업인정고시일

② 「부동산 거래신고 등에 관한 법률」에 따른 토지거래허가지역 안에 있는 토지를 양도함에 있어서 토지거래계약허가를 받기 전에 대금을 청산한 경우: 허가일

③ 부동산의 소유권이 타인에게 이전되었다가 법원의 무효판결에 의하여 해당 자산의 소유권이 환원되는 경우: 그 자산의 당초 취득일

④ 「민법」 제245조 제1항의 규정에 의하여 부동산의 소유권을 점유로 취득하는 경우: 등기일

⑤ 해당 자산의 대금을 청산한 날까지 그 목적물이 완성 또는 확정되지 아니한 경우: 대금을 청산한 날

89 「소득세법」상 양도소득세 과세대상 자산의 양도 또는 취득의 시기로 옳은 것은?

① 「공익사업을 위한 토지 등의 취득 및 보상에 관한 법률」이나 그 밖의 법률에 따라 공익사업을 위하여 수용되는 경우: 수용의 개시일

② 대금을 청산하기 전에 소유권이전등기(등록 및 명의의 개서를 포함)를 한 경우: 등기부·등록부 또는 명부 등에 기재된 등기접수일

③ 증여에 의하여 취득한 자산의 경우: 계약일

④ 「건축법」에 따른 건축 허가를 받지 아니하고 건축하는 건축물의 경우: 사용승인서 교부일

⑤ 「도시개발법」에 따른 환지처분으로 교부받은 토지의 면적이 환지처분에 의한 권리면적보다 증가한 경우 그 증가된 면적의 토지: 환지처분의 공고가 있은 날

취득세의 취득시기와 양도소득세의 양도 또는 취득시기의 비교

구 분	취득세	양도소득세
유상	① 사실상의 잔금지급일 ② 계약상의 잔금지급일	① 대금을 청산한 날(= 사실상의 잔금지급일)
상속	상속개시일	상속이 개시된 날
증여	① 계약일 ② 계약일 전에 등기·등록: 등기일 또는 등록일	증여를 받은 날(= 등기접수일)
점유	등기일 또는 등록일	점유를 개시한 날
무효	-	당초 취득일

08 양도가액과 취득가액의 산정원리

① 양도가액을 기준시가에 따를 때에는 취득가액도 기준시가에 따름
② 추계순서
   ⊙ 양도가액: 매매사례가액 → 감정가액 → 기준시가
   ⓛ 취득가액: 매매사례가액 → 감정가액 → 환산취득가액 → 기준시가
③ 용어의 정의
   ⊙ 매매사례가액과 감정가액: 3개월 이내
   ⓛ 환산취득가액: 양도당시의 실지거래가액 등 × [취득당시의 기준시가/양도당시의 기준시가]
   ⓒ 기준시가
      ⓐ 토지: 개별공시지가
      ⓑ 단독주택: 개별주택가격
      ⓒ 공동주택: 공동주택가격
      ⓓ 부동산을 취득할 수 있는 권리: 납입한 금액 + 프리미엄 상당액
   ⓔ 매매사례가액 또는 감정가액이 특수관계인과의 거래에 따른 가액 등으로서 객관적으로 부당하다고 인정되는 경우에는 해당 가액을 적용하지 아니함
④ 토지 또는 건물에 대한 필요경비개산공제액: 취득당시 기준시가 × 100분의 3[미등기: 취득당시 기준시가 × 1,000분의 3]

취득가액을 환산취득가액으로 추계결정한 경우

양도차익 계산시 취득가액을 환산취득가액으로 추계결정한 경우로서 ①의 금액이 ②의 금액보다 적은 경우에는 ②의 금액을 필요경비로 할 수 있음
① 환산취득가액과 필요경비개산공제액의 합계액
② 자본적 지출액과 양도비의 합계액

감정가액 또는 환산취득가액 적용에 따른 가산세

① 거주자가 건물을 신축 또는 증축(증축의 경우 바닥면적 합계가 85제곱미터를 초과하는 경우에 한정)하고 그 건물의 취득일 또는 증축일부터 5년 이내에 해당 건물을 양도하는 경우로서 감정가액 또는 환산취득가액을 그 취득가액으로 하는 경우에는 해당 건물의 감정가액(증축의 경우 증축한 부분에 한정) 또는 환산취득가액(증축의 경우 증축한 부분에 한정)의 100분의 5에 해당하는 금액을 양도소득 결정세액에 더함
② ①은 양도소득 산출세액이 없는 경우에도 적용

양도가액과 필요경비(취득가액 + 자본적지출액 + 양도비)의 산정원리

양도가액	실지거래가액 →	추계: 매매사례가액 → 감정가액 → 기준시가
− 취득가액	실지거래가액 → ↓	추계: 매매사례가액 → 감정가액 → 환산취득가액 → 기준시가 ↓
− 자본적 지출액 − 양도비	자본적 지출액 양도비	추계: 필요경비개산공제
= 양도차익		

양도가액과 취득가액의 산정원리

① 양도가액을 <u>기준시가</u>에 따를 때에는 취득가액도 <u>기준시가</u>에 따른다. ( ) (2015년 제26회)

② 취득당시 실지거래가액을 확인할 수 없는 경우에는 <u>매매사례가액, 환산취득가액, 감정가액, 기준시가</u>를 순차로 적용하여 산정한 가액을 취득가액으로 한다. ( ) (2015년 제26회)

③ 부동산을 취득할 수 있는 권리에 대한 기준시가는 양도자산의 종류를 고려하여 취득일 또는 양도일까지 <u>납입한 금액</u>으로 한다. ( ) (2019년 제30회)

④ 취득가액을 <u>실지거래가액</u>으로 계산하는 경우 <u>자본적 지출액</u>은 필요경비에 포함된다. ( ) (2015년 제26회)

⑤ 등기된 토지의 취득가액을 <u>매매사례가액</u>으로 계산하는 경우 <u>취득당시 개별공시지가에 3/100을 곱한 금액</u>이 필요경비에 포함된다. ( ) (2015년 제26회)

⑥ 건물을 신축하고 그 신축한 건물의 취득일부터 5년 이내에 해당 건물을 양도하는 경우로서 취득당시의 실지거래가액을 확인할 수 없어 <u>환산취득가액을 그 취득가액으로 하는 경우</u>에는 양도소득세 산출세액의 100분의 5에 해당하는 금액을 양도소득 결정세액에 더한다. ( ) (2018년 제29회)

족집게문제

90 「소득세법」상 거주자인 甲이 양도한 등기된 토지에 대한 자료이다. 다음의 자료를 바탕으로 세부담이 최소화하는 방향으로 양도소득세 양도차익을 산정하면 얼마인가?

> ㉠ 양도당시 실지거래가액 : 500,000,000원
> ㉡ 양도당시 개별공지지가 : 400,000,000원
> ㉢ 취득당시 실지거래가액 : 불분명
> ㉣ 취득당시 매매사례가액 : 불분명
> ㉤ 취득당시 감정가액 : 불분명
> ㉥ 취득당시 개별공지지가 : 40,000,000원
> ㉦ 세금계산서 등에 의하여 확인되는 자본적 지출액과 양도비용의 합계액 : 20,000,000원

① 340,000,000원   ① 430,000,000원   ③ 440,000,000원
④ 448,800,000원   ⑤ 450,000,000원

09 실지거래가액에 의한 필요경비 포함 여부

구 분		○	×
납부영수증이 없는 취득세		○	
상속세			○
현재가치할인차금	원칙	○	
	필요경비 산입금액		○
부가가치세법 제10조 제1항 및 제6항의 부가가치세		○	
부당행위계산에 의한 시가초과액			○
취득관련 소송비용	원칙	○	
	필요경비 산입금액		○
이자상당액	약정이자	○	
	지급기일 지연이자		○
	대출금 이자		○
감가상각비로 필요경비 산입금액			○
지적공부상 면적 증가로 징수한 조정금			○
수익적 지출액			○
취득 후 소송비용	원칙	○	
	필요경비 산입금액		○
용도변경·개량 또는 이용편의		○	
주택의 이용편의를 위한 방 확장 공사비용		○	
개발부담금과 재건축부담금		○	
양도소득세과세표준 신고서 작성비용		○	
공증비용, 인지대 및 소개비		○	
명도비용		○	
금융기관 매각차손을 한도로 국민주택채권 및 토지개발채권 매각차손		○	

자본적 지출액과 양도비의 증명서류

> 자본적 지출액과 양도비는 그 지출에 관한 증명서류(계산서, 세금계산서, 신용카드매출전표, 현금영수증)를 수취·보관하거나 실제 지출사실이 금융거래 증명서류에 의하여 확인되는 경우를 말함

실지거래가액에 의한 필요경비 포함 여부

> ① 취득세는 <u>납부영수증이 없으면</u> 필요경비로 인정되지 아니한다. ( ) (2017년 제28회)
> ② 상속받은 부동산을 양도하는 경우 기납부한 상속세는 양도차익 계산시 이를 필요경비로 <u>공제받을 수 있다.</u> ( ) (2010년 제21회)
> ③ 취득가액을 실지거래가액에 의하는 경우 당초 약정에 의한 <u>지급기일의 지연</u>으로 인하여 추가로 발생하는 이자상당액은 취득원가에 <u>포함하지 아니한다.</u> ( ) (2017년 제28회)

족집게문제

91 「소득세법」상 양도차익을 실지거래가액으로 계산하는 경우에 필요경비에 해당하는 것을 열거한 것이다. 옳은 것은 모두 몇 개인가?(단, 자본적 지출액과 양도비는 세금계산서 등 증명서류를 수취·보관하거나 실제 지출사실이 금융거래 증명서류에 의하여 확인되는 경우로 가정함)

> ㉠ 「지적재조사에 관한 특별법」 제18조에 따른 경계의 확정으로 지적공부상의 면적이 증가되어 같은 법 제20조에 따라 징수한 조정금
> ㉡ 납부의무자와 양도자가 동일한 경우 「재건축초과이익 환수에 관한 법률」에 따른 재건축부담금
> ㉢ 양도자산의 용도변경·개량 또는 이용편의를 위하여 지출한 비용(재해·노후화 등 부득이한 사유로 인하여 건물을 재건축한 경우 그 철거비용을 포함)
> ㉣ 취득 후 본래의 용도를 유지하기 위해 소요된 수익적 지출액
> ㉤ 취득에 관한 쟁송이 있는 자산에 대하여 그 소유권 등을 확보하기 위하여 직접 소요된 소송비용·화해비용 등의 금액으로서 그 지출한 연도의 각 소득금액의 계산에 있어서 필요경비에 산입된 금액
> ㉥ 현재가치할인차금 중 각 연도의 사업소득금액 계산시 필요경비로 산입하였거나 산입할 금액을 제외한 금액
> ㉦ 취득시 법령의 규정에 따라 매입한 국민주택채권을 만기 전에 법령이 정하는 금융기관에 양도함으로써 발생하는 매각차손
> ㉧ 매매계약에 따른 인도의무를 이행하기 위하여 양도자가 지출하는 명도비용
> ㉨ 자산을 양도하기 위하여 직접 지출한 양도소득세과세표준 신고서 작성비용 및 계약서 작성비용, 공증비용, 인지대 및 소개비

① 4개   ② 5개   ③ 6개
④ 7개   ⑤ 8개

92 「소득세법」상 거주자 甲이 양도한 국내 소재 등기된 상가건물의 내역이다. 양도소득세 양도차익을 계산하면 얼마인가?(단, 자본적 지출액과 양도비는 세금계산서 등 증명서류를 수취·보관하거나 실제 지출사실이 금융거래 증명서류에 의하여 확인되는 경우로 가정함)

> (1) 양도 및 취득내역
>   ㉠ 양도가액 : 5억원
>   ㉡ 취득가액 : 2억원
> (2) 甲이 상가건물의 취득과 관련하여 지출한 비용 및 양도와 관련하여 지출한 비용은 다음과 같다.
>   ㉠ 상가건물과 관련된 자본적 지출액 : 3천만원
>   ㉡ 양도비 : 1천만원
> (3) 각 연도의 사업소득금액의 계산시 건물의 감가상각비로 필요경비에 산입한 금액 : 5천만원

① 2억 1천만원   ② 2억 6천만원   ③ 3억원
④ 3억 1천만원   ⑤ 3억 2천만원

10 장기보유특별공제

① 대상 : 토지 또는 건물과 조합원입주권[조합원으로부터 취득한 것은 제외]
② 보유기간 : 3년 이상
   ㉠ 취득일부터 양도일까지
   ㉡ 이월과세 : 증여한 배우자 또는 직계존비속이 해당 자산을 취득한 날부터 기산
   ㉢ 가업상속공제 : 피상속인
③ 공제액
   ㉠ 일반적인 경우 : 100분의 6~100분의 30
   ㉡ 1세대 1주택 : 3년 이상 보유기간 중 거주기간이 2년 이상
      ⓐ 보유기간 : 100분의 12~100분의 40
      ⓑ 거주기간 : 100분의 8~100분의 40
④ 공제방법 : 자산별로 각각 공제
⑤ 적용배제
   ㉠ 미등기[법령이 정하는 자산은 제외]
   ㉡ 국외 자산

장기보유특별공제

① 보유기간이 <u>3년 이상</u>인 토지 및 건물에 한정하여 <u>장기보유특별공제</u>가 <u>적용된다</u>. ( ) (2013년 제24회)
② 「소득세법」 제97조의2 제1항에 따라 <u>이월과세</u>를 적용받는 경우 장기보유특별공제의 보유기간은 <u>증여자</u>가 해당 자산을 취득한 날부터 기산한다. ( ) (2017년 제28회, 2013년 제24회)

양도소득세의 계산구조

    양도가액
− 필요경비 : 취득가액(지적공부상의 면적이 증가되어 징수한 조정금은 제외)
            : 자본적 지출액
            : 양도비

= **양도차익**
− 장기보유특별공제액
= **양도소득금액**
− 양도소득기본공제액
= **양도소득 과세표준**
× 세율
= **양도소득 산출세액**
− 양도소득세 감면액
= **양도소득 결정세액**
+ 가산세액
= **양도소득 총결정세액**

족집게문제

93 「소득세법」상 거주자가 국내 자산을 양도한 경우 양도소득세의 장기보유특별공제에 관한 설명으로 옳은 것을 모두 고른 것은?

> ㉠ 등기된 상가 건물을 5년 6개월 보유하다가 양도한 경우에 장기보유특별공제율은 100분의 15이다.
> ㉡ 등기된 1세대 1주택을 3년 6개월 보유하고, 그 보유기간 중 2년 6개월 거주하다가 양도한 경우 장기보유특별공제율은 100분의 20이다.
> ㉢ 장기보유특별공제를 적용함에 있어서 보유기간 판정시 가업상속공제가 적용된 비율에 해당하는 자산의 경우에는 피상속인이 해당 자산을 취득한 날부터 기산하고, 배우자 또는 직계존비속으로부터 증여받은 자산에 대한 이월과세가 적용되는 경우에는 증여 받은 배우자 또는 직계존비속이 해당 자산을 취득한 날부터 기산한다.
> ㉣ 비거주자가 국내 부동산을 양도한 경우 장기보유특별공제는 적용되지 아니한다.
> ㉤ "장기보유특별공제액"이란 조합원입주권을 양도하는 경우에는 「도시 및 주거환경정비법」 제74조에 따른 관리처분계획 인가 및 「빈집 및 소규모주택 정비에 관한 특례법」 제29조에 따른 사업시행계획인가 전 토지분 또는 건물분의 양도차익에 보유기간별 공제율을 곱하여 계산한 금액을 말한다.

① ㉠, ㉡   ② ㉡, ㉤   ③ ㉡, ㉢, ㉤
④ ㉠, ㉡, ㉤   ⑤ ㉠, ㉡, ㉢, ㉣, ㉤

94 국내에 계속하여 5년 이상 주소를 둔 나부자씨는 2024년에 다음의 자산을 양도하였다. 2024년에 나부자씨가 양도소득금액 계산시 양도차익에서 공제받을 수 있는 장기보유특별공제액은 모두 얼마인가?

> ㉠ 3년 2개월 보유한 국내에 소재하는 법원의 결정에 의하여 양도 당시 등기가 불가능한 상가건물의 양도차익 : 1억원
> ㉡ 3년 6개월 보유한 국내에 소재하는 등기된 비사업용토지의 양도차익 : 2억원
> ㉢ 5년 8개월 보유한 국내에 소재하는 골프회원권의 양도차익 : 3억원
> ㉣ 3년 6개월 보유한 국내에 소재하는 조정대상지역에 있는 등기된 법령으로 정하는 1세대 3주택의 양도차익 : 1억원
> ㉤ 3년 7개월 보유한 국외에 소재하는 토지의 양도차익 : 3억원

① 1천 800만원   ② 2천 400만원   ③ 4천만원
④ 8천만원   ⑤ 9천만원

11 양도소득기본공제

① 대상: 각 호의 소득별로 각각 연 250만원
  ㉠ 제1호: 토지 또는 건물·부동산에 관한 권리 및 기타자산에 따른 소득
  ㉡ 제2호: 주식 등
  ㉢ 제3호: 파생상품 등
  ㉣ 제4호: 신탁 수익권
② 감면 외에서 먼저 공제하고, 감면 외에서는 먼저 양도한 자산
③ 공유자산: 공유자 각각 공제
④ 적용배제: 미등기[법령이 정하는 자산은 제외]

거주자와 비거주자에 대한 1세대 1주택 비과세규정 등의 적용여부

구 분		거주자		비거주자	
		국 내	국 외	국 내	국 외
1세대 1주택의 비과세		○	×	×	과세 제외
장기보유특별공제	일반 6%～30%	○	×	○	과세 제외
	1세대 1주택 20%～80%	○	×	×	
양도소득기본공제		○	○	○	과세 제외

양도소득기본공제

① 양도소득세 과세대상인 국내 소재의 등기된 <u>토지</u>와 <u>건물</u>을 같은 연도 중에 양도시기를 달리하여 양도한 경우에도 양도소득기본공제는 <u>연 250만원</u>을 공제한다. ( ) (2010년 제21회)
② 고가주택이 아닌 등기된 국내 소재 2주택을 보유한 1세대가 <u>2주택을 연도를 달리하여 양도</u>하고 다른 양도자산이 없다면, 각각에 대하여 <u>연 250만원</u>의 양도소득기본공제가 적용된다. ( ) (2007년 제18회)
③ 같은 해에 여러 개의 자산(모두 등기됨)을 양도한 경우 양도소득기본공제는 해당 과세기간에 <u>먼저 양도한 자산</u>의 양도소득금액에서부터 순서대로 공제한다. 단, 감면소득금액은 없다. ( ) (2017년 제28회)
④ <u>미등기양도자산</u>(법령이 정하는 자산은 제외)의 양도소득금액 계산시 양도소득기본공제를 <u>적용할 수 있다.</u> ( ) (2018년 제29회)

족집게문제

95 「소득세법」상 양도소득세의 양도소득기본공제에 관한 설명으로 옳은 것은?

① 토지와 건물의 양도에 한하여 양도소득기본공제를 적용 받을 수 있다

② 여러 개의 부동산을 양도한 경우에 양도소득기본공제는 자산별로 각각 적용한다.

③ 비거주자의 국내원천소득인 양도소득에 대한 양도소득세 과세표준을 계산함에 있어 양도소득기본공제는 거주자와 동일하게 적용한다.

④ 장기할부조건으로 취득한 부동산으로서 그 계약조건에 의하여 양도당시 그 부동산의 취득에 관한 등기가 불가능한 부동산에 대해서는 양도소득기본공제를 적용하지 아니한다.

⑤ 2년 6개월 보유한 등기된 국내 소재 비사업용토지를 양도한 경우 양도소득기본공제가 적용되지 아니한다.

96 「소득세법」상 양도소득세의 과세표준을 계산하면 얼마인가?

> ㉠ 과세대상 : 등기된 국내 소재 상업용 건물
> ㉡ 보유기간 : 5년 6개월
> ㉢ 양도가액 : 100,000,000원
> ㉣ 법령에 따른 증명서류를 수취·보관한 취득가액 등 필요경비 합계액 : 60,000,000원
> ㉤ 해당연도에 다른 양도거래는 없음

① 20,000,000원   ② 30,000,000원   ③ 33,500,000원
④ 36,000,000원   ⑤ 40,000,000원

12 양도소득금액계산의 특례

(1) 비과세요건을 충족한 고가주택 양도차익 등

① 고가주택 양도차익 = 양도차익 × [(양도가액 − 12억원)/양도가액]
② 고가주택 장기보유특별공제액 = 장기보유특별공제액 × [(양도가액 − 12억원)/양도가액]

(2) 부담부증여에 대한 양도가액 및 취득가액의 계산

① 부담부증여 양도가액 = 「상속세 및 증여세법」에 따라 평가한 가액 × [채무액/증여가액]
② 부담부증여의 취득가액 = 취득당시 취득가액 × [채무액/증여가액]

(3) 특수관계인간 고가양수 또는 저가양도의 부당행위계산 부인

시가와 거래가액의 차액이 3억원 이상이거나 시가의 100분의 5에 상당하는 금액 이상인 경우 시가로 계산

고가주택의 판단기준

양도소득세	부동산임대업
양도당시 실지거래가액의 합계액이 12억원 초과	과세기간 종료일 또는 양도일 현재 기준시가가 12억원 초과

양도소득금액계산의 특례

① 법령에 따른 고가주택에 해당하는 자산의 양도차익은 「소득세법」 제95조 제1항에 따른 양도차익에 "양도가액에서 12억원을 차감한 금액이 양도가액에서 차지하는 비율"을 곱하여 산출한다. ( ) (2020년 제31회)

② 1세대 1주택 비과세 요건을 충족하는 고가주택의 양도가액이 20억원이고 양도차익이 4억원인 경우 양도소득세가 과세되는 양도차익은 2억 4천만원이다. ( ) (2018년 제29회)

③ 법령에 따른 고가주택에 해당하는 자산의 장기보유특별공제액은 「소득세법」 제95조 제2항에 따른 장기보유특별공제액에 "양도가액에서 12억원을 차감한 금액이 양도가액에서 차지하는 비율"을 곱하여 산출한다. ( ) (2020년 제31회)

④ 부담부증여의 경우 양도로 보는 부분에 대한 양도차익을 계산함에 있어서 그 취득가액은 취득가액에 증여가액 중 채무액에 상당하는 부분이 차지하는 비율을 곱하여 계산한 가액에 따른다. ( )

⑤ 甲이 양도소득세 과세대상 X토지와 증여가액(시가) 2억원인 양도소득세 과세대상에 해당하지 않는 Y자산을 함께 乙에게 부담부증여하였다면 乙이 인수한 채무 5천만원에 해당하는 부분은 모두 X토지에 대한 양도로 본다. ( ) (2019년 제30회)

⑥ 거주자가 특수관계인과의 거래(시가와 거래가액의 차액이 5억원임)에 있어서 토지를 시가에 미달하게 양도함으로써 조세의 부담을 부당히 감소시킨 것으로 인정되는 때에는 그 양도가액을 시가에 의하여 계산한다. ( ) (2020년 제31회)

족집게문제

97 거주자인 甲은 1세대 1주택의 비과세요건을 충족한 등기된 고가주택을 양도하였다. 다음의 자료를 바탕으로 양도소득세의 과세표준을 계산하면 얼마인가?(단, 자본적 지출액과 양도비는 세금계산서 등 증명서류를 수취·보관하거나 실제 지출사실이 금융거래 증명서류에 의하여 확인되는 경우로 가정함)

> ㉠ 양도가액 : 20억원
> ㉡ 취득가액 : 11억원
> ㉢ 자본적 지출액과 양도비 : 1억원
> ㉣ 취득 이후 보유기간 및 거주기간 : 5년
> ㉤ 해당 연도에 다른 양도자산은 없다.

① 1억 8천 950만원 ② 1억 9천 200만원 ③ 3억 2천만원
④ 4억 7천 750만원 ⑤ 4억 8천만원

98 거주자 甲이 2023년 중 아래의 국내 소재 상업용 건물을 특수관계인이 아닌 거주자 乙에게 부담부 증여하고 乙이 甲의 피담보채무를 인수한 경우 甲의 양도차익을 계산하면 얼마인가?

> ㉠ 취득 당시 실지거래가액 : 8천만원
> ㉡ 취득 당시 기준시가 : 5천만원
> ㉢ 증여가액과 증여시 「상속세 및 증여세법」에 따라 평가한 가액(시가)은 각각 : 5억원
> ㉣ 상업용 건물에는 금융회사로부터의 차입금 1억원(채권최고액 : 1억 2천만원)에 대한 근저당권이 설정되어 있음

① 8천 4백만원 ② 1억원 ③ 1억 2천만원
④ 4억원 ⑤ 4억 2천만원

99 「소득세법」상 거주자의 양도소득과세표준 계산에 관한 설명으로 틀린 것은?

① 甲이 특수관계에 있는 E에게 시가보다 낮은 가격으로 부동산을 양도하는 경우에는 조세의 부담을 부당하게 감소시킨 것으로 인정된다. 이러한 저가양도의 부인은 시가와 거래가액의 차액이 3억원 이상이거나 시가의 100분의 5에 상당하는 금액 이상인 경우에 한하여 적용한다.

② 甲이 시가 100억원으로 평가된 토지를 사촌 형인 거주자 乙에게 96억원에 양도한 경우, 양도차익 계산시 양도가액은 100억원으로 계산한다.

③ 甲이 시가 10억원 상가건물을 특수관계인인 乙로부터 12억원에 취득한 경우, 양도차익 계산시 취득가액은 12억원으로 계산한다.

④ 증여자인 사촌 형의 채무를 수증자가 인수하는 부담부증여인 경우에는 증여가액 중 그 채무액에 상당하는 부분은 그 자산이 유상으로 사실상 이전되는 것으로 본다.

⑤ 직계존비속간 부담부증여로서 수증자에게 인수되지 아니한 것으로 추정되는 채무액은 부담부증여의 채무액에 해당하는 부분에서 제외한다.

12 양도소득금액계산의 특례

(4) 배우자 또는 직계존비속으로부터 증여받은 자산에 대한 이월과세(= 양도소득의 필요경비 계산 특례)

① 수증자와의 관계 : 배우자(이혼은 포함하고, 사망은 제외) 또는 직계존비속
② 적용대상자산 : 토지 또는 건물, 부동산을 취득할 수 있는 권리, 시설물이용권
③ 양도일까지의 기간 : 10년 이내
④ 납세의무자 : 수증자
⑤ 양도소득세 연대납세의무 : 없음
⑥ 취득가액, 자본적지출액, 장기보유특별공제, 세율 : 증여자
⑦ 증여세 : 양도차익 계산시 필요경비에 산입
⑧ 적용 배제
　　㉠ 소급하여 2년 이전 증여 + 수용된 경우
　　㉡ 1세대 1주택 비과세를 적용받는 경우
　　㉢ 이월과세 적용시 세액 < 이월과세 미적용시 세액

(5) 특수관계인간 증여 후 양도행위의 부인

① 수증자와의 관계 : 특수관계인(이월과세가 적용되는 배우자 및 직계존비속은 제외)
② 양도일까지의 기간 : 10년 이내
③ 적용 요건 : (수증자의 증여세 + 수증자의 양도소득세) < 증여자가 직접 양도하는 경우로 보아 계산한 양도소득세
④ 납세의무자 : 증여자
⑤ 양도소득세 연대납세의무 : 있음
⑥ 증여세 : 부과를 취소하고 수증자에게 환급
⑦ 적용 배제 : 양도소득이 해당 수증자에게 실질적으로 귀속된 경우

양도소득금액계산의 특례

① <u>이월과세를 적용하는 경우 거주자가 배우자로부터 증여받은 자산에 대하여 납부한 증여세를 필요경비에 산입하지 아니한다.</u> (　　) (2019년 제30회)
② 거주자가 <u>사업인정고시일부터 소급하여 2년 이전</u>에 배우자로부터 <u>증여받은 경우</u>로서 「공익사업을 위한 토지 등의 취득 및 보상에 관한 법률」에 따라 <u>수용</u>된 경우에는 <u>이월과세</u>를 적용하지 아니한다. (　　) (2019년 제30회)
③ <u>이월과세를 적용하여 계산한 양도소득결정세액이 이월과세를 적용하지 않고 계산한 양도소득결정세액보다 적은 경우에 이월과세를 적용한다.</u> (　　) (2019년 제30회)
④ 특수관계인에게 증여한 자산에 대해 증여자인 거주자에게 양도소득세가 과세되는 경우 수증자가 부담한 증여세 상당액은 양도가액에서 공제할 <u>필요경비에 산입한다.</u> (　　) (2020년 제31회)

배우자 또는 직계존비속으로부터 증여받은 자산에 대한 이월과세와 특수관계인간 증여 후 양도행위의 부인

「소득세법」상 거주자 甲이 특수관계인인 거주자 乙에게 등기된 국내 소재의 부동산을 증여하고 乙이 그로부터 10년 이내에 등기된 부동산을 甲·乙과 특수관계가 없는 거주자 丙에게 양도한 경우(단, 乙이 甲의 배우자 또는 직계존비속인 경우 사업인정고시일부터 소급하여 2년 이전에 증여받은 경우로서 수용되는 경우, 이월과세의 적용으로 1세대 1주택의 비과세규정을 적용받는 주택, 이월과세를 적용하여 계산한 양도소득 결정세액이 이월과세를 적용하지 아니하고 계산한 양도소득 결정세액보다 적은 경우는 아니라고 가정함)

① 乙이 甲의 배우자인 경우 양도소득세 납세의무자는 甲이다. ( )
② 乙이 甲의 배우자인 경우 양도 당시 혼인관계가 소멸된 경우를 포함하되, 사망으로 혼인관계가 소멸된 경우는 제외한다. ( )
③ 乙이 甲의 배우자인 경우 乙의 양도차익 계산시 취득가액은 甲이 부동산을 취득한 당시의 취득가액으로 한다. ( )
④ 乙이 甲의 배우자인 경우 부동산에 대한 장기보유특별공제액은 부동산의 양도차익에 乙이 부동산을 취득한 날부터 기산한 보유기간별 공제율을 곱하여 계산한다. ( )
⑤ 乙이 甲의 배우자인 경우 양도소득세율을 적용함에 있어서 보유기간은 甲이 부동산을 취득한 날부터 기산한다. ( )
⑥ 乙이 甲의 배우자인 경우 乙이 납부한 증여세는 양도차익 계산시 필요경비에 산입한다. ( )
⑦ 乙이 甲의 배우자인 경우 양도소득세에 대해 甲과 乙이 연대하여 납세의무를 진다. ( )
⑧ 乙이 甲의 사촌 동생인 경우 乙의 증여세와 양도소득세를 합한 세액이 甲이 직접 丙에게 건물을 양도한 것으로 보아 계산한 양도소득세보다 큰 때에는 甲이 丙에게 직접 양도한 것으로 본다. ( )
⑨ 乙이 甲의 사촌 동생인 경우 乙의 증여세와 양도소득세를 합한 세액이 甲이 직접 丙에게 건물을 양도한 것으로 보아 계산한 양도소득세보다 적은 때에는 甲이 丙에게 직접 양도한 것으로 본다. ( )
⑩ ⑨의 경우 양도소득세에 대해 乙은 甲과 함께 연대하여 납세의무를 진다. ( )
⑪ ⑨의 경우 수증자가 부담한 증여세 상당액은 양도가액에서 공제할 필요경비에 산입한다. ( )
⑫ 乙이 甲의 사촌 동생인 경우 乙이 이를 증여일로부터 10년이 지나 양도한 때에는 乙이 丙에게 양도한 것으로 본다. ( )
⑬ 乙이 甲의 사촌 동생인 경우 양도소득이 乙에게 실질적으로 귀속된 때에는 乙이 丙에게 양도한 것으로 본다. ( )

족집게문제

100 거주자 甲은 2020년 3월에 취득한 상업용 건물(취득가액 5억원)을 2022년 10월에 배우자에게 증여(증여당시 평가액 8억원)하고, 증여받은 배우자가 상업용 건물을 2024년 7월에 특수관계인이 아닌 제3자에게 양도(양도가액 9억원)하였다. 취득과 증여 및 양도과정에서 소유권 이전등기는 적절히 이행하였고 증여받은 배우자가 납부한 증여세는 4천만원으로 가정한다. 이 경우 「소득세법」상 양도소득세의 양도소득금액을 계산하면 얼마인가?(단, 이월과세를 적용하여 계산한 양도소득 결정세액이 이월과세를 적용하지 아니하고 계산한 양도소득 결정세액보다 큰 경우로 가정함)

① 2억5천만원   ② 3억1천680만원   ③ 3억3천120만원
④ 3억6천만원   ⑤ 3억6천800만원

12 양도소득금액계산의 특례

(6) 양도차손(＝결손금)의 공제

① 양도차손의 공제 : 각 호의 소득별로 양도차손을 양도소득금액에서 공제
  ㉠ 토지 또는 건물·부동산에 관한 권리 및 기타자산에 따른 소득
  ㉡ 주식등의 양도로 발생하는 소득
  ㉢ 파생상품등의 거래 또는 행위로 발생하는 소득
  ㉣ 신탁 수익권에 따른 소득
② 이월결손금의 공제 : 이월공제는 받을 수 없음

종합소득금액 계산시 결손금과 이월결손금의 공제

(1) 결손금의 공제

구 분		공제방법
사업소득		종합소득 과세표준을 계산할 때 공제함
임대업	주거용 건물 임대업	
	그 밖의 임대업	종합소득 과세표준을 계산할 때 공제하지 아니함

(2) 이월결손금의 공제 : 15년 이내

양도소득금액계산의 특례

① 부동산에 관한 권리의 양도로 발생한 양도차손은 토지의 양도에서 발생한 양도소득금액에서 공제할 수 없다. (   ) (2020년 제31회)
② 국내 거주자가 토지와 주식을 양도하는 경우 각각 발생한 양도차손은 양도소득금액에서 공제할 수 있다. (   ) (2008년 제19회)
③ 2024년에 양도한 토지에서 발생한 양도차손은 5년 이내에 양도하는 토지의 양도소득금액에서 이월하여 공제받을 수 있다. (   ) (2012년 제23회)

족집게문제

101 「소득세법」상 거주자의 양도소득과세표준 계산에 관한 설명으로 옳은 것은 모두 몇 개인가?

> ㉠ 배우자 간 증여재산의 이월과세 적용시 증여받은 자산에 대하여 납부한 증여세는 양도차익 계산에 영향을 미치지 아니한다.
> ㉡ 토지의 양도로 발생한 양도차손은 주식의 양도에서 발생한 양도소득금액에서 공제할 수 있다.
> ㉢ 부동산에 관한 권리의 양도로 발생한 양도차손은 건물의 양도에서 발생한 양도소득금액에서 공제할 수 없다.
> ㉣ 2024년에 양도한 건물에서 발생한 양도차손은 15년 이내에 양도하는 건물의 양도소득금액에서 이월하여 공제받을 수 있다.

① 0개   ② 1개   ③ 2개
④ 3개   ⑤ 4개

13 양도소득세의 세율 : 토지 또는 건물 및 부동산에 관한 권리

(1) 일반적으로 적용되는 세율
① 미등기(법령이 정하는 자산은 제외) : 100분의 70
② 등기
  ㉠ 주택, 조합원입주권 및 분양권 제외

1년 미만	100분의 50
1년 이상 2년 미만	100분의 40
2년 이상	6%~45%의 8단계 초과누진세율

  ㉡ 주택, 조합원입주권 및 분양권

구 분	주택, 조합원입주권	분양권
1년 미만	100분의 70	100분의 70
1년 이상 2년 미만	100분의 60	100분의 60
2년 이상	6%~45%의 8단계 초과누진세율	100분의 60

  ㉢ 비사업용토지 : 16%~55%의 8단계 초과누진세율

(2) 조정대상지역 1세대 2주택 등 : 보유기간이 2년 이상으로써 25.5.9까지 양도시 중과 한시 배제

(3) 중복되는 경우 : 양도소득 산출세액 중 큰 세액

(4) 세율 적용시 보유기간 : 상속은 피상속인이 취득한 날부터 기산

기타자산의 양도로 발생하는 소득 : 6%~45%의 8단계 초과누진세율

장기보유특별공제와 세율 적용시 기산일

구 분	증 여	상 속
장기보유특별공제	① 원칙 : <u>증여를 받은 날</u> ② <u>이월과세</u>가 적용되는 경우 : <u>증여한</u> 배우자 또는 직계존비속이 해당 자산을 취득한 날	① 원칙 : <u>상속이 개시된 날</u> ② <u>가업상속공제</u>가 적용된 경우 : <u>피상속인</u>이 해당 자산을 취득한 날
세율	① 원칙 : <u>증여를 받은 날</u> ② <u>이월과세</u>가 적용되는 경우 : <u>증여한</u> 배우자 또는 직계존비속이 해당 자산을 취득한 날	<u>피상속인</u>이 해당 자산을 취득한 날

양도소득세의 세율 : 토지 또는 건물 및 부동산에 관한 권리와 기타자산

① 보유기간이 1년 10개월인 「소득세법」에 따른 국내소재 <u>조합원입주권</u>을 양도한 경우 거주자의 양도소득과세표준에 적용되는 세율은 <u>100분의 70이다.</u> ( ) (2023년 제34회)
② 보유기간이 2년 6개월인 「소득세법」에 따른 국내소재 <u>분양권</u>을 양도한 경우 거주자의 양도소득과세표준에 적용되는 세율은 <u>100분의 50이다.</u> ( ) (2023년 제34회)

족집게문제

102 「소득세법」상 거주자가 국내 양도소득세 과세대상을 양도한 경우, 양도소득세 세율에 관한 설명으로 틀린 것은?

① 양도소득세의 세율을 적용함에 있어서 보유기간은 해당 자산의 취득일부터 양도일까지로 한다. 다만, 상속받은 자산은 피상속인이 그 자산을 취득한 날을 그 자산의 취득일로 보고, 양도소득의 필요경비 계산 특례에 해당하는 자산은 증여자가 그 자산을 취득한 날을 그 자산의 취득일로 본다.

② 거주자가 2023년 5월 27일에 주택을 취득하여 등기한 후 해당 주택을 2024년 10월 25일에 양도하였다. 이에 따른 양도소득 과세표준이 1천만원인 경우에 적용되는 세율 6%이다.

③ 1년 6개월 보유한 등기된 상업용 건축물을 양도하는 경우 100분의 40의 세율을 적용한다.

④ 거주자가 국내에 있는 양도소득과세표준이 1,400만원 이하이고, 보유기간이 2년 이상인 지정지역에 있지 않은 등기된 비사업용 토지를 양도한 경우 양도소득과세표준에 적용되는 세율은 16퍼센트이다.

⑤ 하나의 자산이 세율 중 둘 이상에 해당할 때에는 해당 세율을 적용하여 계산한 양도소득 산출세액 중 큰 것을 그 세액으로 한다.

103 「소득세법」상 국내 자산 양도시 100분의 70의 양도소득세 세율이 적용되는 것은?

① 보유기간이 1년 6개월인 등기된 1세대 1주택의 양도
② 보유기간이 1년 6개월인 등기된 상가건물의 양도
③ 피상속인이 사망하기 전에 6개월 보유한 등기된 상가 토지를 상속인이 상속 받아 등기한 후 10개월이 지나 양도
④ 보유기간이 9개월인 주택 분양권의 양도
⑤ 보유기간이 6개월인 회원제 골프회원권의 양도

104 다음은 거주자 甲이 2024년 10월에 양도한 국내 소재 주택 분양권에 관련된 자료이다. 「소득세법」상 甲의 양도소득세 산출세액을 계산하면 얼마인가?

㉠ 양도물건 : 주택 분양권
㉡ 양도차익 : 1천 250만원
㉢ 보유기간 : 6개월
㉣ 해당 연도에 다른 양도물건은 없음

① 400만원　　　　② 500만원　　　　③ 600만원
④ 700만원　　　　⑤ 875만원

14 양도소득 과세표준 예정신고

구 분		예정신고기간
토지 또는 건물 부동산에 관한 권리 기타자산 신탁 수익권	일반	양도일이 속하는 달의 말일부터 2개월
	토지거래계약허가 (대금청산 → 허가)	허가일(또는 해제일)이 속하는 달의 말일부터 2개월
	부담부증여	양도일이 속하는 달의 말일부터 3개월
주식 등		양도일이 속하는 반기의 말일부터 2개월
파생상품 등		예정신고납부의무 없음

양도소득 과세표준 예정신고

① 예정신고납부를 할 때 납부한 세액은 양도차익에서 <u>장기보유특별공제</u>와 <u>양도소득기본공제</u>를 한 금액에 해당 양도소득세 <u>세율</u>을 적용하여 계산한 금액을 그 산출세액으로 한다. ( ) (2011년 제22회)

② <u>2024년 3월 21일</u>에 주택을 매매로 양도하고 잔금을 청산한 경우 <u>2024년 6월 30일</u>에 <u>예정신고</u>할 수 있다. ( ) (2016년 제27회)

③ 토지 또는 건물을 양도한 경우에는 그 <u>양도일이 속하는 분기의 말일부터 2개월</u> 이내에 양도소득과세표준을 신고해야 한다. ( ) (2018년 제29회)

④ 甲은 「부동산 거래신고 등에 관한 법률」의 규정에 의한 거래계약허가구역 안의 토지에 대하여 2024년 2월 21일 乙과 매매계약을 체결하고, <u>2024년 3월 24일</u> 매매대금을 모두 수령하며 2024년 5월 15일 토지거래계약허가를 받는다고 가정한 경우 甲의 양도소득세 <u>예정신고기한</u>은 <u>2024년 5월 31일</u>이다. ( ) (2006년 제17회)

⑤ 법령에 따른 부담부증여의 채무액에 해당하는 부분으로서 양도로 보는 경우 그 <u>양도일이 속하는 달의 말일부터 3개월</u> 이내에 양도소득과세표준을 납세지 관할 세무서장에게 신고하여야 한다. ( ) (2020년 제31회)

⑥ 양도소득세의 <u>예정신고</u>만으로 甲의 양도소득세 납세의무가 <u>확정되지 아니한다</u>. ( ) (2021년 제32회)

⑦ 양도소득세 납세의무의 확정은 납세의무자의 <u>신고에 의하지 않고 관할세무서장의 결정에 의한다.</u> ( ) (2022년 제33회)

족집게문제

105 「소득세법」상 거주자의 양도소득세 신고 및 납부에 관한 설명으로 옳은 것은?

① 건물을 양도한 경우에는 그 양도일이 속하는 분기의 말일부터 2개월 이내에 양도소득과세표준을 신고해야 한다.

② 법령에 따른 부담부증여의 채무액에 해당하는 부분으로서 양도로 보는 경우 그 양도일이 속하는 달의 말일부터 3개월 이내에 양도소득과세표준을 납세지 관할 세무서장에게 신고하여야 한다.

③ 양도차익이 없거나 양도차손이 발생한 경우에는 양도소득과세표준 예정신고 의무가 없다.

④ 예정신고하지 않은 거주자가 해당 과세기간의 과세표준이 없는 경우 확정신고하지 아니한다.

⑤ 「부동산 거래신고 등에 관한 법률」 제10조 제1항에 따른 토지거래계약에 관한 허가구역에 있는 토지를 양도할 때 토지거래계약허가를 받기 전에 대금을 청산한 경우 그 대금을 청산한 날이 속하는 달의 말일부터 2개월 이내에 납세지 관할 세무서장에게 신고하여야 한다.

15 양도소득세의 납세절차

(1) 예정신고
① 양도차익이 없거나 양도차손이 발생한 경우: 적용
② 수시부과세액: 공제하여 납부
③ 이행: 세액공제 없음, 불이행: 가산세

(2) 확정신고납부
① 다음연도 5월 1일부터 5월 31일까지
② 예정신고를 한 자는 해당 소득에 대한 확정신고를 하지 아니할 수 있음
③ 다만, 누진세율 자산에 대한 예정신고를 2회 이상 한 자가 합산하여 신고하지 아니한 경우: 확정신고를 하여야 함
④ 예정신고와 관련하여 무신고가산세가 부과되는 부분에 대해서는 확정신고와 관련하여 무신고가산세를 적용하지 아니함

(3) 납세지
① 거주자: 주소지 → 거소지
② 비거주자: 국내사업장 소재지 → 국내원천소득이 발생하는 장소

(4) 분할납부
① 분할납부의 요건: 1천만원 초과 + 2개월 이내
② 분할납부세액
  ㉠ 납부할 세액이 2천만원 이하인 경우: 1천만원을 초과하는 금액
  ㉡ 납부할 세액이 2천만원을 초과하는 경우: 그 세액의 100분의 50 이하의 금액
③ 분할납부의 신청: 예정신고기한 또는 확정신고기한까지

양도소득세의 납세절차

① 양도차익이 없거나 양도차손이 발생한 경우에는 양도소득과세표준 예정신고 의무가 없다. ( ) (2018년 제29회)
② 예정신고납부를 하는 경우 예정신고 산출세액에서 감면 세액을 빼고 수시부과세액이 있을 때에는 이를 공제하지 아니한 세액을 납부한다. ( ) (2020년 제31회)
③ 예정신고를 하지 않은 경우 확정신고를 하면 예정신고에 대한 가산세는 부과되지 아니한다. ( ) (2015년 제26회)
④ 예정신고하지 않은 거주자가 해당 과세기간의 과세표준이 없는 경우 확정신고하지 아니한다. ( ) (2016년 제27회)
⑤ 당해 연도에 누진세율의 적용대상 자산에 대한 예정신고를 2회 이상 한 자가 법령에 따라 이미 신고한 양도소득금액과 합산하여 신고하지 아니한 경우에는 양도소득과세표준의 확정신고를 하여야 한다. ( ) (2020년 제31회)
⑥ 양도소득과세표준 예정신고시에는 납부할 세액이 1천만원을 초과하더라도 그 납부할 세액의 일부를 분할납부할 수 없다. ( ) (2018년 제29회)
⑦ 예정신고납부할 세액이 1천 5백만원인 자는 그 세액의 100분의 50의 금액을 납부기한이 지난 후 2개월 이내에 분할납부할 수 있다. ( ) (2022년 제33회)
⑧ 납부할 세액의 일부를 분할납부하고자 하는 자는 양도소득 과세표준 예정신고 및 납부계산서에 분할납부할 세액을 기재하여 예정신고기한까지 신청하여야 한다. ( ) (2015년 제26회)

족집게문제

106 거주자 甲이 등기된 국내 소재 상업용 건물을 양도한 경우, 양도소득 과세표준 예정신고에 관한 설명으로 옳은 것은?

① 2024년 7월 15일에 매매로 양도한 경우, 예정신고기한은 2024년 10월 31일이다.

② 2024년 7월 25일에 부담부증여의 채무액에 해당하는 부분으로서 양도한 경우, 예정신고기한은 2024년 9월 30일이다.

③ 과세표준 예정신고와 함께 납부하는 때에는 산출세액에서 납부할 세액의 100분의 10에 상당하는 금액을 공제한다.

④ 예정신고기한까지 무신고하거나 과소신고한 후 확정신고기한까지 신고하거나 수정하여 신고한 경우 무신고가산세 또는 과소신고가산세를 부과하지 아니한다.

⑤ 거주자가 건물을 신축하고 그 건물의 취득일부터 5년 이내에 해당 건물을 양도하는 경우로서 감정가액 또는 환산취득가액을 그 취득가액으로 하는 경우에는 해당 건물의 감정가액 또는 환산취득가액의 100분의 5에 해당하는 금액을 양도소득 결정세액에 더한다. 이 경우 양도소득 산출세액이 없는 경우에도 적용한다.

107 「소득세법」상 거주자의 양도소득에 대한 납세의무에 관한 설명으로 틀린 것은 모두 몇 개인가?

> ㉠ 납세지 관할 세무서장은 과세기간별로 예정신고납부세액과 확정신고납부세액의 금액의 합계액이 양도소득 총결정세액을 초과할 때에는 그 초과하는 세액을 환급하거나 다른 국세 및 강제징수비에 충당하여야 한다.
>
> ㉡ 예정신고기한까지 예정신고를 하지 아니하였으나 확정신고기한까지 과세표준신고를 한 경우에는 무신고가산세를 부과하지 아니한다.
>
> ㉢ 거주자가 양도소득세 예정신고에 따라 납부할 세액이 1천 200만원인 경우 200만원을 분할납부할 수 있다.
>
> ㉣ 거주자가 양도소득세 예정신고에 따라 납부할 세액이 2천 600만원인 경우 1천 300만원을 분할납부할 수 있다.
>
> ㉤ 양도소득과세표준과 세액을 결정 또는 경정한 경우 관할세무서장이 결정한 양도소득 총결정세액이 이미 납부한 확정신고세액을 초과할 때에는 그 초과하는 세액을 해당 거주자에게 알린 날부터 60일 이내에 징수한다.

① 1개   ② 2개   ③ 3개

④ 4개   ⑤ 5개

16 국외부동산양도에 대한 양도소득세

① 납세의무자 : 5년 이상
② 환차익을 양도소득의 범위에서 제외
③ 양도가액과 취득가액의 산정방법 : 실지거래가액 → 시가
④ 장기보유특별공제는 배제
⑤ 양도소득기본공제는 적용
⑥ 세율 : 6%~45%의 8단계 초과누진세율
⑦ 양도차익의 외화환산 : 기준환율 또는 재정환율
⑧ 외국납부세액의 이중과세조정 : 세액공제방법 또는 필요경비 산입방법

거주자의 국내자산과 국외자산의 양도소득세 비교

구 분		국내자산	국외자산
과세대상		등기된 부동산임차권	부동산임차권
양도가액		실지거래가액 → 추계(매 → 감 → → 기)	실지거래가액 → 시가
취득가액		실지거래가액 → 추계(매 → 감 → 환 → 기)	실지거래가액 → 시가
기준시가		○	×
필요경비개산공제		○	×
장기보유특별공제		○	×
양도소득기본공제		○	○
세 율	70%	○	×
	60%	○	×
	50%	○	×
	40%	○	×
	6%~45%	○	○

국외부동산양도에 대한 양도소득세

① 거주자가 국외 토지를 양도한 경우 양도일까지 계속해서 10년간 국내에 주소를 두었다면 양도소득 과세표준을 예정신고하여야 한다. ( ) (2016년 제27회)
② 양도 당시의 실지거래가액이 확인되더라도 외국정부의 평가가액을 양도가액으로 먼저 적용한다. ( ) (2020년 제31회)
③ 甲의 국외주택에 대한 양도차익은 양도가액에서 취득가액과 필요경비개산공제를 차감하여 계산한다. ( ) (2021년 제32회)
④ 甲은 국외주택을 3년 이상 보유하였음에도 불구하고 장기보유특별공제액은 공제하지 아니한다. ( ) (2021년 제32회)
⑤ 甲의 국외주택 양도에 대해서는 해당 과세기간의 양도소득금액에서 연 250만원을 공제한다. ( ) (2021년 제32회)
⑥ 양도차익 계산시 필요경비의 외화환산은 지출일 현재 「외국환거래법」에 의한 기준환율 또는 재정환율에 의한다. ( ) (2014년 제25회)

족집게문제

108 「소득세법」상 거주자의 국외 부동산 양도에 관한 설명으로 옳은 것은?

① 국외 부동산 양도에 대한 양도소득세의 납세의무자는 국내에 주소를 두거나 183일 이상 거소를 둔 거주자이다.

② 국외 부동산을 양도한 경우 양도차익과 양도소득금액은 동일한 금액이다.

③ 국외 부동산을 양도한 경우 양도소득 과세표준 계산시 양도소득기본공제는 적용되지 아니한다.

④ 국외자산의 양도소득에 대하여 외국에서 납부하였거나 납부할 것이 있는 때에는 양도소득 산출세액에서 공제하는 방법만으로 이중과세 조정을 받을 수 있다.

⑤ 국외에 소재한 영업용 건물을 6개월 보유하다가 양도한 경우 100분의 50의 세율을 적용한다.

109 「소득세법」상 국외자산 양도에 관한 설명으로 옳은 것은?

① 국외자산의 양도에 대한 양도소득세 과세에 있어서 국내자산의 양도에 대한 양도소득세 규정 중 기준시가의 산정은 준용한다.

② 국외자산의 양도가액은 그 자산의 양도 당시의 실지거래가액으로 한다. 다만, 양도 당시의 실지거래가액을 확인할 수 없는 경우에는 양도자산이 소재하는 국가의 양도 당시 현황을 반영한 시가에 따르되, 시가를 산정하기 어려울 때에는 그 자산의 종류, 규모, 거래상황 등을 고려하여 대통령령으로 정하는 방법에 따른다.

③ 부동산에 관한 권리에서 부동산임차권은 등기된 것에 한하여 양도소득세 과세대상이다.

④ 미등기 국외토지에 대한 양도소득세율은 100분의 70이다.

⑤ 국외에서 외화를 차입하여 취득한 자산을 양도하여 발생하는 소득으로서 환율변동으로 인하여 외화차입금으로부터 발생하는 환차익을 포함하고 있는 경우에는 해당 환차익을 양도소득의 범위에 포함한다.

17 부동산임대업의 범위 등

① 지역권·지상권을 설정하거나 대여
  ㉠ 공익사업과 관련 없음: 사업소득
  ㉡ 공익사업과 관련 있음: 기타소득
② 미등기 부동산 포함
③ 사업자등록 여부에 관계없이 과세
④ 공공요금 납부액의 초과금액: 총수입금액에 산입
⑤ 간주임대료를 계산하는 과정에서 차감하는 금융수익: 수입이자와 할인료, 배당금
⑥ 주거용 건물 임대업에서 발생한 결손금: 종합소득 과세표준을 계산할 때 공제
⑦ 논·밭을 작물생산에 이용하게 하는 임대소득: 비과세

부동산 양도와 관련된 소득의 구분

구 분		업 종	소득의 구분
사업성 ○	주거용 건물 개발 및 공급(구입한 주거용 건물을 재판매하는 경우는 제외)	건설업	사업소득
	비주거용 건물건설업과 부동산 개발 및 공급업	부동산매매업	
사업성 ×		−	양도소득

사업 관련 소득

① 「공익사업을 위한 토지 등의 취득 및 보상에 관한 법률」 제4조에 따른 공익사업과 관련하여 지상권의 대여로 인한 소득은 부동산임대업에서 발생한 소득에서 제외한다. ( ) (2017년 제28회)
② 임대보증금의 간주임대료를 계산하는 과정에서 금융수익을 차감할 때 그 금융수익은 수입이자와 할인료, 수입배당금, 유가증권처분이익으로 한다. ( ) (2017년 제28회)
③ 주거용 건물 임대업에서 발생한 결손금은 종합소득 과세표준을 계산할 때 공제하지 아니한다. ( ) (2020년 제31회)
④ 해당 과세기간의 주거용 건물 임대업을 제외한 부동산임대업에서 발생한 결손금은 그 과세기간의 종합소득과세표준을 계산할 때 공제하지 아니한다. ( ) (2020년 제31회)
⑤ 거주자의 국내에 소재하는 논·밭을 작물 생산에 이용하게 함으로써 발생하는 사업소득은 소득세를 과세하지 아니한다. ( ) (2020년 제31회)

족집게문제

110 「소득세법」상 부동산임대업에서 발생한 소득에 관한 설명으로 옳은 것을 모두 고른 것은?

> ㉠ 「공익사업을 위한 토지 등의 취득 및 보상에 관한 법률」 제4조에 따른 공익사업과 관련하여 지역권을 대여함으로써 발생하는 소득은 사업소득이다.
>
> ㉡ 주거용 건물 임대업에서 발생한 결손금은 종합소득과세표준을 계산할 때 공제한다.
>
> ㉢ 전기료·수도료 등의 공공요금의 명목으로 지급받은 금액이 공공요금의 납부액을 초과할 때 그 초과하는 금액은 사업소득의 총수입금액에 산입하지 아니한다.
>
> ㉣ 자기소유의 부동산을 타인의 담보로 사용하게 하고 그 사용대가로 받는 것은 사업소득이다.
>
> ㉤ 주택을 임대하여 얻은 소득은 거주자가 사업자등록을 하지 않은 경우에는 소득세 납세의무가 없다.

① ㉢

② ㉡, ㉣

③ ㉠, ㉣, ㉤

④ ㉡, ㉢, ㉣

⑤ ㉠, ㉡, ㉢, ㉣, ㉤

18 주거용 건물 임대업 : 과세여부 판단

(1) 월세
① 1주택 소유
    ㉠ 원칙 : 비과세
    ㉡ 예외 : 과세
        ⓐ 고가주택 : 과세기간 종료일 또는 양도일 현재 기준시가 12억원 초과
        ⓑ 국외주택
② 2주택 이상 소유 : 과세

(2) 보증금 등에 대한 간주임대료
① 1주택 소유 : 비과세(= 총수입금액에 산입하지 아니함)
② 2주택 소유 : 비과세(= 총수입금액에 산입하지 아니함)
③ 3주택 이상 소유 : [40제곱미터 이하 + 기준시가 2억원 이하]는 제외
    ㉠ 보증금 등의 합계액 3억원 이하 : 비과세(= 총수입금액에 산입하지 아니함)
    ㉡ 보증금 등의 합계액 3억원 초과 : 과세(= 총수입금액에 산입함)

19 부동산임대업 주택 수의 계산

구 분	주택 수의 계산
다가구주택	① 1개의 주택 ② 구분등기 : 각각을 1개의 주택

공동소유주택	① 원칙 : 지분이 가장 큰 사람(2인 이상이면 귀속자로 정한 사람)
	② 예외 : 지분이 가장 큰 사람이 아니어도 포함
	    ㉠ 수입금액이 연간 6백만원 이상
	    ㉡ 기준시가 12억원을 초과 + 100분의 30을 초과하는 지분

전대하거나 전전세	임차인 또는 전세받은 자
본인과 배우자	① 합산 ② 공동소유주택 : 지분이 더 큰 사람

사업 관련 소득

① 거주자의 <u>국외</u>에 소재하는 주택의 임대소득은 주택 수에 관계없이 <u>과세하지 아니한다.</u> (   ) (2020년 제31회)

② 임대한 <u>과세기간 종료일 현재 기준시가가 14억원인 1주택</u>(주택부수토지 포함)을 임대하고 지급받은 소득은 사업소득으로 과세된다. (   ) (2010년 제21회)

③ 주택 2채를 소유한 거주자가 <u>1채는 월세계약</u>으로 나머지 <u>1채는 전세계약</u>의 형태로 임대한 경우, <u>월세계약에 의하여 받은 임대료에 대해서만</u> 소득세가 과세된다. (   ) (2014년 제25회)

④ 甲과 사촌 동생 乙이 <u>고가주택이 아닌 수입금액이 연간 5백만원인 공동소유 1주택</u>(甲지분율 40%, 乙지분율 60%)을 임대하는 경우 주택임대소득의 비과세 여부를 판정할 때 <u>甲과 乙이 각각 1주택을 소유한 것으로 보아</u> 주택 수를 계산한다. (   ) (2010년 제21회)

⑤ <u>본인(A주택)과 배우자(B주택)</u>가 각각 국내 소재 주택을 소유한 경우, 이를 <u>합산하지 아니하고</u> 각 거주자별 소유 주택을 기준으로 주택임대소득 비과세대상인 1주택 여부를 판단한다. (   ) (2011년 제22회)

족집게문제

111 「소득세법」상 거주자의 2024년 부동산 임대와 관련하여 발생한 소득에 관한 설명으로 틀린 것은 모두 몇 개인가?

> ㉠ 주택임대소득이 과세되는 고가주택은 과세기간 종료일 또는 해당 주택의 양도일을 기준으로 기준시가가 12억원을 초과하는 주택을 말한다.
> ㉡ 과세기간 종료일 현재 기준시가가 4억원인 주거의 용도로만 쓰이는 면적이 109m² 2채, 기준시가가 2억인 주거의 용도로만 쓰이는 면적이 40m² 1채를 보유하고 있는 거주자가 주택에 대한 전세보증금의 합계액이 4억원인 경우 간주임대료를 계산한다.
> ㉢ 甲과 乙이 과세기간 종료일 현재 기준시가가 20억원인 공동소유 1주택(甲 지분율 60%, 乙 지분을 40%)을 임대하는 경우 주택임대소득의 비과세 여부를 판정할 때 甲과 乙이 각각 1주택을 소유한 것으로 보아 주택 수를 계산한다.
> ㉣ 주택임대로 인하여 발생하는 소득에 대한 비과세 여부를 판정함에 있어서 임차 또는 전세받은 주택을 전대하거나 전전세하는 경우에 해당 임차 또는 전세받은 주택은 임차인 또는 전세받은 자의 주택으로 계산한다.
> ㉤ 자산을 임대하여 발생하는 소득의 경우 계약 또는 관습에 따라 지급일이 정해진 것은 그 정해진 날이 수입시기이고, 계약 또는 관습에 따라 지급일이 정해지지 아니한 것은 그 지급을 받은 날이 수입시기이다.

① 1개   ② 2개   ③ 3개
④ 4개   ⑤ 5개

112 「소득세법」상 거주자의 부동산 관련 사업소득에 관한 설명으로 옳은 것은?

① 1동의 주택을 신축하여 판매하는 주택신축판매업의 경우 부동산매매업에 해당한다.

② 해당 과세기간의 주거용 건물 임대업을 제외한 부동산임대업에서 발생한 결손금은 그 과세기간의 종합소득과세표준을 계산할 때 공제한다.

③ 사업소득의 이월결손금은 해당 이월결손금이 발생한 과세기간의 종료일부터 15년 이내에 끝나는 과세기간의 소득금액을 계산할 때 먼저 발생한 과세기간의 이월결손금부터 순서대로 공제한다.

④ 부동산매매업 또는 건설업자가 판매를 목적으로 취득한 토지 등의 부동산을 일시적으로 대여하고 얻는 소득은 부동산임대업으로 보지 아니한다.

⑤ 분리과세 주택임대소득이 있는 거주자의 종합소득 결정세액은 분리과세 주택임대소득을 적용하기 전의 종합소득 결정세액과 "(분리과세 주택임대소득에 대한 사업소득금액 × 100분의 15) + 분리과세 주택임대소득에 대한 사업소득금액 외의 종합소득 결정세액"의 세액 중 하나를 선택하여 적용한다.

복습문제

본문의 문제를 하나로 모아
다시 한 번 복습할 수 있도록 하였습니다.

복습문제

01 조세의 납부방법으로 분할납부가 가능한 것은 모두 몇 개인가?(단, 분할납부의 법정 요건은 전부 충족한 것으로 가정함)

> ㉠ 취득세
> ㉡ 등록에 대한 등록면허세
> ㉢ 재산세
> ㉣ 재산세에 부가되는 지방교육세
> ㉤ 소방분 지역자원시설세
> ㉥ 종합부동산세
> ㉦ 종합부동산세에 부가되는 농어촌특별세
> ㉧ 부동산임대업에서 발생한 사업소득에 대한 종합소득세
> ㉨ 양도소득세

① 5개   ② 6개   ③ 7개
④ 8개   ⑤ 9개

02 「지방세기본법」 및 「지방세징수법」상 용어의 정의와 지방자치단체 징수금의 징수 순위에 관한 설명으로 틀린 것을 모두 고른 것은?

> ㉠ "납세의무자"란 「지방세법」에 따라 지방세를 납부할 의무(지방세를 특별징수하여 납부할 의무를 포함)가 있는 자를 말한다.
> ㉡ "신고납부"란 납세의무자가 그 납부할 지방세의 과세표준과 세액을 신고하고, 신고한 세금을 납부하는 것을 말한다.
> ㉢ "보통징수"란 지방세를 징수할 때 편의상 징수할 여건이 좋은 자로 하여금 징수하게 하고 그 징수한 세금을 납부하게 하는 것을 말한다.
> ㉣ 지방자치단체 징수금의 징수순위는 체납처분비, 가산세, 지방세(가산세는 제외)의 순서로 한다.
> ㉤ "제2차 납세의무자"란 납세자가 납세의무를 이행할 수 없는 경우에 납세자를 갈음하여 납세의무를 지는 자를 말한다.

① ㉠, ㉣   ② ㉠, ㉢, ㉣
③ ㉡, ㉢, ㉤   ④ ㉠, ㉡, ㉢, ㉣
⑤ ㉠, ㉡, ㉢, ㉣, ㉤

03 「국세기본법」 및 「국세징수법」상 용어의 정의와 체납액의 징수 순위에 관한 설명으로 옳은 것을 모두 고른 것은?

> ㉠ "납세자"란 납세의무자(연대납세의무자와 납세자를 갈음하여 납부할 의무가 생긴 경우의 제2차 납세의무자 및 보증인을 포함)와 세법에 따라 국세를 징수하여 납부할 의무를 지는 자를 말한다.
> ㉡ "가산세"란 이 법 및 세법에서 규정하는 의무의 성실한 이행을 확보하기 위하여 세법에 따라 산출한 세액에 가산하여 징수하는 금액을 말한다.
> ㉢ "보증인"이란 납세자의 국세 또는 강제징수비의 납부를 보증한 자를 말한다.
> ㉣ 체납액의 징수 순위는 강제징수비, 가산세, 국세(가산세는 제외)의 순서에 따른다.
> ㉤ "강제징수비란「국세징수법」 중 강제징수에 관한 규정에 따른 재산의 압류, 보관, 운반과 매각에 든 비용(매각을 대행시키는 경우 그 수수료를 포함)을 말한다.

① ㉠, ㉡
② ㉡, ㉢, ㉣
③ ㉠, ㉢, ㉣
④ ㉠, ㉡, ㉢, ㉤
⑤ ㉠, ㉡, ㉢, ㉣, ㉤

04 甲이 2024년에 공장용 건축물을 취득하는 경우, 취득단계에서 부담할 수 있는 지방세를 모두 고른 것은?

> ㉠ 소방분 지역자원시설세　　㉡ 개인지방소득세
> ㉢ 지방교육세　　　　　　　㉣ 농어촌특별세
> ㉤ 종합소득세

① ㉢
② ㉣
③ ㉢, ㉣
④ ㉡, ㉣, ㉤
⑤ ㉠, ㉡, ㉢, ㉣

05 독립된 세원에 대하여 부과하는 조세를 독립세라 하고, 별도의 과세대상이 존재하지 아니하고 다른 조세를 부과할 때 부가적으로 징수하는 조세를 부가세라고 한다. 본세에 부과되는 부가세에 관한 설명으로 옳은 것은 모두 몇 개인가?

> ㉠ 취득세에는 취득세 표준세율을 100분의 2로 적용하여 산출한 취득세액의 100분의 10에 해당하는 농어촌특별세가 부가세로 부과한다.
> ㉡ 취득세에는 취득세 표준세율에서 1천분의 20을 뺀 세율을 적용하여 산출한 취득세액(유상거래를 원인으로 주택을 취득하는 경우에는 취득세 표준세율에 100분의 50을 곱한 세율을 적용하여 산출한 취득세액)의 100분의 20에 해당하는 지방교육세가 부가세로 부과한다.
> ㉢ 취득세에는 취득세 감면세액의 100분의 20에 해당하는 농어촌특별세가 부가세로 부과한다.
> ㉣ 재산세에는 납부하여야 할 재산세액(재산세 도시지역분에 따른 재산세액은 제외)의 100분의 20에 해당하는 지방교육세가 부가세로 부과된다.
> ㉤ 종합부동산세에는 납부하여야 할 종합부동산세액의 100분의 20에 해당하는 농어촌특별세가 부가세로 부과된다.

① 1개
② 2개
③ 3개
④ 4개
⑤ 5개

06 납세의무 성립시기에 관한 설명으로 옳은 것을 모두 고른 것은?

> ㉠ 예정신고납부하는 소득세: 과세기간이 끝나는 때
> ㉡ 수시로 부과하여 징수하는 재산세: 과세기준일
> ㉢ 원천징수하는 소득세: 소득금액 또는 수입금액을 지급하는 때
> ㉣ 지방소득세: 과세표준이 되는 소득에 대하여 소득세·법인세의 납세의무가 성립하는 때
> ㉤ 등록에 대한 등록면허세에 부가되는 지방교육세: 재산권과 그 밖의 권리를 등기하거나
> 등록하는 때

① ㉠, ㉡　　　　② ㉡, ㉣　　　　③ ㉡, ㉢, ㉣
④ ㉢, ㉣, ㉤　　　⑤ ㉠, ㉡, ㉢, ㉣, ㉤

07 납세의무의 성립시기에 관한 설명으로 옳은 것은 모두 몇 개인가?

> ㉠ 농어촌특별세: 본세의 납세의무가 성립하는 때
> ㉡ 인지세: 과세문서를 작성한 때
> ㉢ 중간예납하는 소득세: 중간예납기간이 끝나는 때
> ㉣ 종합부동산세: 과세기준일
> ㉤ 국세의 무신고가산세 및 과소신고·초과환급신고가산세: 법정신고기한이 경과하는 때

① 1개　　　　　② 2개　　　　　③ 3개
④ 4개　　　　　⑤ 5개

08 「지방세기본법」 및 「국세기본법」상 납세의무의 확정에 관한 설명으로 틀린 것은?

① 납세의무자가 과세표준과 세액을 지방자치단체에 신고납부하는 지방세는 신고하는 때에 세액이 확정된다. 다만, 납세의무자가 과세표준과 세액의 신고를 하지 아니하거나 신고한 과세표준과 세액이 지방세관계법에 어긋나는 경우에는 지방자치단체가 과세표준과 세액을 결정하거나 경정하는 때로 한다.

② 납세의무자가 과세표준과 세액을 지방자치단체에 신고납부하는 지방세 외의 지방세는 해당 지방세의 과세표준과 세액을 해당 지방자치단체가 결정하는 때에 세액이 확정된다.

③ 소득세는 납세의무자가 과세표준과 세액을 정부에 신고했을 때에 확정된다. 다만, 납세의무자가 과세표준과 세액의 신고를 하지 아니하거나 신고한 과세표준과 세액이 세법에서 정하는 바와 맞지 아니한 경우에는 정부가 과세표준과 세액을 결정하거나 경정하는 때에 그 결정 또는 경정에 따라 확정된다.

④ 종합부동산세는 납세의무자가 「종합부동산세법」 제16조 제3항에 따라 과세표준과 세액을 정부에 신고하는 때에도 확정되지 아니한다.

⑤ 인지세는 납세의무가 성립하는 때에 특별한 절차 없이 그 세액이 확정된다.

09 원칙적으로 관세관청의 결정에 의하여 납세의무가 확정되는 지방세는 모두 몇 개인가?

㉠ 재산세	㉡ 양도소득세
㉢ 종합부동산세	㉣ 등록에 대한 등록면허세
㉤ 소방분에 대한 지역자원시설세	

① 1개   ② 2개   ③ 3개
④ 4개   ⑤ 5개

10 지방세는 법령으로 정하는 바에 따라 부과할 수 있는 날부터 일정한 기간이 만료되는 날까지 부과하지 아니한 경우에는 부과할 수 없다. 「지방세기본법」에서 규정하고 있는 부과의 제척기간에 관한 설명으로 옳은 것은?(다만, 결정 · 판결, 상호합의, 경정청구 등의 예외는 고려하지 않음)

① 납세자가 사기나 그 밖의 부정한 행위로 지방세를 포탈하거나 환급 · 공제 또는 감면받은 경우 : 15년

② 상속 또는 증여(부담부 증여를 포함)를 원인으로 취득하는 경우로서 납세자가 법정신고기한까지 과세표준 신고서를 제출하지 아니한 경우 : 10년

③ 「부동산 실권리자명의 등기에 관한 법률」 제2조 제1호에 따른 명의신탁약정으로 실권리자가 사실상 취득하는 경우로서 납세자가 법정신고기한까지 과세표준신고서를 제출하지 아니한 경우 : 7년

④ 타인의 명의로 법인의 주식 또는 지분을 취득하였지만 해당 주식 또는 지분의 실권리자인 자가 제46조 제2호에 따른 과점주주가 되어 「지방세법」 제7조 제5항에 따라 해당 법인의 부동산등을 취득한 것으로 보는 경우로서 납세자가 법정신고기한까지 과세표준 신고서를 제출하지 아니한 경우 : 7년

⑤ 재산세 : 7년

11 「지방세기본법」 및 「국세기본법」에서 규정한 부과의 제척기간과 징수권의 소멸시효에 관한 설명으로 틀린 것은?

① 지방세 부과의 제척기간은 권리관계를 조속히 확정 · 안정시키려는 것으로 지방세징수권 소멸시효와는 달리 기간의 중간이나 정지가 없다.

② 지방세징수권의 시효는 납세고지, 독촉 또는 납부최고, 교부청구, 압류의 사유로 중단된다.

③ 5천만원 이상의 지방세징수권은 그 권리를 행사할 수 있는 때부터 10년 동안 행사하지 아니하면 시효로 인하여 소멸한다.

④ 납세자에게 부정행위가 없으며 특례제척기간에 해당하지 않는 경우 원칙적으로 납세의무 성립일부터 7년이 지나면 종합부동산세를 부과할 수 없다.

⑤ 5억원 미만의 국세징수권은 이를 행사할 수 있는 때부터 5년 동안 행사하지 아니하면 소멸시효가 완성된다.

12 「지방세기본법」상 무신고가산세와 과소신고가산세에 관한 설명으로 옳은 것을 모두 고른 것은?

> ⊙ 납세의무자가 사기나 그 밖의 부정한 행위가 아닌 경우로 법정신고기한까지 과세표준 신고를 하지 아니한 경우에는 무신고납부세액의 100분의 20에 상당하는 금액을 무신고가산세로 부과한다.
> ⓛ 납세의무자가 사기나 그 밖의 부정한 행위로 법정신고기한까지 과세표준 신고를 하지 아니한 경우에는 무신고납부세액의 100분의 40에 상당하는 금액을 무신고가산세로 부과한다.
> ⓒ 납세의무자가 사기나 그 밖의 부정한 행위가 아닌 경우로 법정신고기한까지 과소신고한 경우에는 과소신고납부세액등의 100분의 10에 상당하는 금액을 과소신고가산세로 부과한다.
> ⓔ 납세의무자가 사기나 그 밖의 부정한 행위로 법정신고기한까지 과소신고한 경우에는 부정과소신고납부세액등의 100분의 40에 상당하는 금액과 과소신고납부세액등에서 부정과소신고납부세액등을 뺀 금액의 100분의 20에 상당하는 금액을 합한 금액을 과소신고가산세로 부과한다.

① ⊙, ⓛ   ② ⓒ, ⓔ   ③ ⊙, ⓛ, ⓒ
④ ⓛ, ⓒ, ⓔ   ⑤ ⊙, ⓛ, ⓒ, ⓔ

13 「국세기본법」 제47조의4(납부지연가산세)에 관련된 내용이다. 괄호 안에 들어갈 법령상의 숫자를 순서대로 나열한 것은?

> (1) 납세의무자가 법정납부기한까지 국세(「인지세법」 제8조 제1항에 따른 인지세는 제외)의 납부를 하지 아니하거나 과소납부한 경우에는 다음의 금액을 합한 금액을 가산세로 한다.
>   ⊙ 납부하지 아니한 세액 또는 과소납부분 세액 × 법정납부기한의 다음 날부터 납부일까지의 기간(납부고지일부터 납부고지서에 따른 납부기한까지의 기간은 제외) × 1일 10만분의 ( )
>   ⓛ 법정납부기한까지 납부하여야 할 세액 중 납부고지서에 따른 납부기한까지 납부하지 아니한 세액 또는 과소납부분 세액 × 100분의 ( )(국세를 납부고지서에 따른 납부기한까지 완납하지 아니한 경우에 한정)
> (2) (1)을 적용할 때 납부고지서에 따른 납부기한의 다음 날부터 납부일까지의 기간이 ( )년을 초과하는 경우에는 그 기간은 ( )년으로 한다.
> (3) 체납된 국세의 납부고지서별·세목별 세액이 ( )만원 미만인 경우에는 ①의 ⊙의 가산세를 적용하지 아니한다.

① 22, 3, 5, 5, 150   ② 22, 3, 3, 3, 150   ③ 25, 3, 5, 5, 150
④ 25, 5, 5, 5, 150   ⑤ 22, 3, 5, 5, 30

14 법정기일 전에 저당권의 설정을 등기한 사실이 등기사항증명서(부동산등기부 등본)에 따라 증명되는 재산을 매각하여 그 매각금액에서 지방세 또는 국세를 징수하는 경우, 그 재산에 대하여 부과되는 다음의 지방세 또는 국세 중 저당권에 따라 담보된 채권에 우선하여 징수하는 것은 모두 몇 개인가?

> ㉠ 재산세
> ㉡ 부동산임대에 따른 종합소득세
> ㉢ 종합부동산세
> ㉣ 등록에 대한 등록면허세에 부가되는 지방교육세
> ㉤ 소방분에 대한 지역자원시설세

① 1개   ② 2개   ③ 3개
④ 4개   ⑤ 5개

15 「지방세기본법」 및 「국세기본법」상 조세채권과 일반채권의 관계에 관한 설명으로 틀린 것은?

① 취득세 신고서를 납세지 관할 지방자치단체장에게 제출한 날 전에 저당권 설정 등기 사실이 증명되는 재산을 매각하여 그 매각금액에서 취득세를 징수하는 경우, 저당권에 따라 담보된 채권은 취득세에 우선한다.

② 양도소득세 신고서를 납세지 관할 세무서장에게 제출한 날 전에 저당권 설정 등기 사실이 증명되는 재산을 매각하여 그 매각금액에서 양도소득세를 징수하는 경우, 저당권에 따라 담보된 채권은 양도소득세에 우선한다.

③ 재산세 납세고지서의 발송일 전에 저당권 설정 등기 사실이 증명되는 재산을 매각하여 그 매각금액에서 재산세를 징수하는 경우, 재산세는 저당권에 따라 담보된 채권에 우선한다.

④ 종합부동산세 납부고지서의 발송일 전에 「주택임대차보호법」 제2조에 따른 주거용 건물 전세권 설정 등기 사실이 증명되는 재산을 매각하여 그 매각금액에서 종합부동산세를 징수하는 경우, 종합부동산세는 주거용 건물 전세권에 따라 담보된 채권에 우선한다.

⑤ 지방자치단체의 징수금의 체납처분에 의하여 납세자의 재산을 압류한 후 다른 지방자치단체의 징수금 또는 국세의 교부청구가 있으면 압류에 관계되는 지방자치단체의 징수금은 교부청구한 다른 지방자치단체의 징수금 또는 국세에 우선하여 징수한다.

16 「지방세기본법」상 이의신청과 심판청구에 관한 설명으로 옳은 것은?(단, 「감사원법」에 따른 심사청구는 고려하지 아니함)

① 이의신청을 거친 후에 심판청구를 할 때에는 이의신청에 대한 결정 통지를 받은 날부터 60일 이내에 조세심판원장에게 심판청구를 하여야 한다.

② 이의신청을 거치지 아니하고 바로 심판청구를 할 때에는 그 처분이 있은 것을 안 날(처분의 통지를 받았을 때에는 통지받은 날)부터 60일 이내에 조세심판원장에게 심판청구를 하여야 한다.

③ 이의신청인 또는 심판청구인이 천재지변 등으로 인하여 이의신청 또는 심판청구기간에 이의신청 또는 심판청구를 할 수 없을 때에는 그 사유가 소멸한 날부터 30일 이내에 이의신청 또는 심판청구를 할 수 있다.

④ 이의신청 또는 심판청구는 그 처분의 집행에 효력이 미치지 아니한다. 다만, 압류한 재산에 대해서는 이의신청 또는 심판청구의 결정이 있는 날부터 60일까지 그 공매처분을 보류할 수 있다.

⑤ 위법한 처분에 대한 행정소송은 이 법에 따른 심판청구와 그에 대한 결정을 거치지 아니하면 제기할 수 없다. 다만, 심판청구에 대한 재조사 결정에 따른 처분청의 처분에 대한 행정소송은 그러하지 아니하다.

17 「지방세기본법」상 서류의 송달에 관한 설명으로 틀린 것은?

① 교부송달의 경우에 송달할 장소에서 서류를 송달받아야 할 자를 만나지 못하였을 때에는 그의 사용인, 그 밖의 종업원 또는 동거인으로서 사리를 분별할 수 있는 사람에게 서류를 송달할 수 있으며, 서류의 송달을 받아야 할 자 또는 그의 사용인, 그 밖의 종업원 또는 동거인으로서 사리를 분별할 수 있는 사람이 정당한 사유 없이 서류의 수령을 거부하면 송달할 장소에 서류를 둘 수 있다.

② 전자송달은 서류의 송달을 받아야 할 자가 신청하는 경우에만 한다.

③ 주소 또는 영업소가 국외에 있고 송달하기 곤란한 경우에는 공시송달을 할 수 있다.

④ 서류를 우편으로 송달하였으나 받을 사람(법 제30조 제3항에 규정된 자를 포함)이 없는 것으로 확인되어 반송됨으로써 납부기한 내에 송달하기 곤란하다고 인정되는 경우에는 공시송달을 할 수 있다.

⑤ 서류의 송달을 받아야 할 자가 주소 또는 영업소가 국외에 있고 송달하지 곤란한 경우에는 서류의 주요 내용을 공고한 날에 서류의 송달이 된 것으로 본다.

18 「지방세법」제6조에서 규정하고 있는 취득세 용어의 정의에 관한 설명으로 옳은 것은 모두 몇 개인가?

> ㉠ "취득"이란 매매, 교환, 상속, 증여, 기부, 법인에 대한 현물출자, 건축, 개수, 공유수면의 매립, 간척에 의한 토지의 조성 등과 그 밖에 이와 유사한 취득으로서 원시취득(수용재결로 취득한 경우 등 과세대상이 이미 존재하는 상태에서 취득하는 경우는 제외), 승계취득 또는 유상·무상의 모든 취득을 말한다.
> ㉡ "부동산"이란 토지 및 건축물을 말한다.
> ㉢ "토지"란 「공간정보의 구축 및 관리 등에 관한 법률」에 따라 지적공부의 등록대상이 되는 토지와 그 밖에 사용되고 있는 사실상의 토지를 말한다.
> ㉣ "중과기준세율"이란 제11조 및 제12조에 따른 세율에 가감하거나 제15조제2항에 따른 세율의 특례 적용기준이 되는 세율로서 1천분의 20을 말한다.
> ㉤ "연부"란 매매계약서상 연부계약 형식을 갖추고 일시에 완납할 수 없는 대금을 2년 이상에 걸쳐 일정액씩 분할하여 지급하는 것을 말한다.

① 1개　　　　　② 2개　　　　　③ 3개
④ 4개　　　　　⑤ 5개

19 아래의 자료를 기초로 제조업을 영위하고 있는 비상장 A법인의 주주인 甲이 「지방세기본법」제46조 제2호에 따른 과점주주 중 대통령령으로 정하는 과점주주가 됨으로써 과세되는 취득세의 과세표준은 얼마인가?(다만, A법인 보유자산 중 취득세가 비과세·감면되는 부분은 없으며, 甲과 특수관계에 있는 다른 주주는 없다고 가정함)

> <A법인의 증자 전 자산가액 및 주식발행 현황>
> ㉠ 증자 전 자산가액(「지방세법」상 취득세 과세표준임)
> ·건물: 10억원
> ·토지: 20억원
> ·차량: 2억원
> ·기계장비: 8억원
> ㉡ 주식발행 현황
> ·2021년 3월 10일 설립시 발행주식총수: 1,000,000주
> ·2024년 9월 30일 증자 후 발행주식총수: 2,000,000주
> <甲의 A법인 주식취득 현황>
> ㉠ 2021년 3월 10일 A법인 설립시 400,000주 취득
> ㉡ 2024년 9월 30일 증자로 800,000주 추가취득

① 3억원　　　　② 4억원　　　　③ 24억원
④ 30억원　　　⑤ 40억원

20 「지방세법」상 취득세의 납세의무자 등과 신고 및 납부에 관한 설명으로 틀린 것은?

① 「신탁법」제10조에 따라 신탁재산의 위탁자 지위의 이전이 있는 경우에는 새로운 위탁자가 해당 신탁재산을 취득한 것으로 본다. 다만, 위탁자 지위의 이전에도 불구하고 신탁재산에 대한 실질적인 소유권 변동이 있다고 보기 어려운 경우로서 대통령령으로 정하는 경우에는 그러하지 아니하다.

② 건축물 중 조작 설비, 그 밖의 부대설비에 속하는 부분으로서 그 주체구조부와 하나가 되어 건축물로서의 효용가치를 이루고 있는 것에 대하여는 주체구조부 취득자 외의 자가 가설한 경우에도 주체구조부의 취득자가 함께 취득한 것으로 본다.

③ 건축물을 건축하면서 그 건축물에 부수되는 정원 또는 부속시설물 등을 조성·설치하는 경우에는 그 정원 또는 부속시설물 등은 건축물에 포함되는 것으로 보아 건축물을 취득하는 자가 취득한 것으로 본다.

④ 「주택법」에 따른 주택조합과 「도시 및 주거환경정비법」에 따른 주택재건축조합이 해당 조합원용으로 취득하는 조합주택용 부동산은 그 조합원이 취득한 것으로 본다. 다만, 조합원에게 귀속되지 아니하는 부동산은 제외한다.

⑤ 「부동산등기법」제28조에 따라 채권자대위권에 의한 등기신청을 하려는 채권자대위자는 납세의무자를 대위하여 부동산의 취득에 대한 취득세를 신고납부할 수 없다.

21 「지방세법」상 취득세의 납세의무자 등에 관한 설명으로 틀린 것은?

① 「도시개발법」에 따른 도시개발사업과 「도시 및 주거환경정비법」에 따른 정비사업의 시행으로 해당 사업의 대상이 되는 부동산의 소유자(상속인을 포함)가 환지계획 또는 관리처분계획에 따라 공급받거나 토지상환채권으로 상환받는 건축물은 그 소유자가 원시취득한 것으로 보며, 토지의 경우에는 그 소유자가 승계취득한 것으로 본다. 이 경우 토지는 당초 소유한 토지 면적을 초과하는 경우로서 그 초과한 면적에 해당하는 부분에 한정하여 취득한 것으로 본다.

② 매매계약 체결 후 사실상 취득이 이루어지기 전에 매도자가 사망하고 매수자에게 소유권이전등기가 되는 경우 상속인에게 상속에 따른 취득세 납세의무가 없다.

③ 취득세는 부동산, 차량, 기계장비, 항공기, 선박, 입목, 광업권, 어업권, 양식업권, 골프회원권, 승마회원권, 콘도미니엄 회원권, 종합체육시설 이용회원권 또는 요트회원권을 취득한 자에게 부과한다.

④ 甲 소유의 미등기건물에 대하여 乙이 채권확보를 위하여 법원의 판결에 의한 소유권보존등기를 甲의 명의로 등기할 경우의 취득세 납세의무는 甲에게 있다.

⑤ 「공간정보의 구축 및 관리 등에 관한 법률」제67조에 따른 대 중 관계 법령에 따른 택지공사가 준공된 토지에 정원 또는 부속시설물 등을 조성·설치하는 경우에는 그 정원 또는 부속시설물 등은 토지에 포함되는 것으로서 토지의 지목을 사실상 변경하는 것으로 보아 토지의 소유자가 취득한 것으로 본다.

22 「지방세법」상 취득세에서 부동산의 유상취득으로 보는 것은 모두 몇 개인가?

> ㉠ 직계존속과 직계비속이 권리의 이전이나 행사에 등기가 필요한 부동산을 서로 교환한 경우
> ㉡ 직계비속이 소유재산을 담보한 금액으로 직계존속의 부동산을 취득한 경우
> ㉢ 직계비속이 이미 증여세를 과세(비과세 또는 감면받은 경우를 포함)받았거나 신고한 경우로서 그 수증 재산의 가액으로 직계존속의 부동산을 취득한 경우
> ㉣ 직계존속이 파산선고로 인하여 처분되는 직계비속의 부동산을 취득한 경우
> ㉤ 증여자의 채무를 인수하는 부담부증여의 경우로 그 채무액에 상당하는 부분을 제외한 나머지 부분

① 1개   ② 2개   ③ 3개
④ 4개   ⑤ 5개

23 「지방세법」상 취득세가 부과되지 않는 것으로 옳게 묶인 것은?

> ㉠ 신탁(「신탁법」에 따른 신탁으로서 신탁등기가 병행되는 것만 해당)으로 인한 신탁재산의 취득으로서 신탁의 종료로 인하여 수탁자로부터 위탁자에게 신탁재산을 이전하는 경우
> ㉡ 「주택법」에 따른 공동주택의 개수(「건축법」에 따른 대수선은 제외)로 인한 취득 중 취득 당시 주택의 시가표준액이 9억원 이하인 주택과 관련된 개수로 인한 취득
> ㉢ 이전한 건축물의 가액이 종전 건축물의 가액을 초과하지 아니하는 건축물의 이전으로 인한 취득
> ㉣ 「주택법」에 따른 주택조합이 비조합원용 부동산을 취득하는 경우
> ㉤ 「민법」 제839조의2에 따라 이혼시 재산분할로 인한 취득

① ㉠, ㉡   ② ㉠, ㉡, ㉢   ③ ㉠, ㉡, ㉤
④ ㉠, ㉡, ㉢, ㉣   ⑤ ㉠, ㉡, ㉢, ㉣, ㉤

24 「지방세법」상 취득세가 부과되지 않는 것으로 옳게 묶인 것은?

> ㉠ 환매등기를 병행하는 부동산의 매매로서 환매기간 내에 매도자가 환매한 경우의 그 매도자와 매수자의 취득
> ㉡ 신탁(「신탁법」에 따른 신탁으로서 신탁등기가 병행되는 것만 해당)으로 인한 신탁재산의 취득으로서 수탁자가 변경되어 신수탁자에게 신탁재산을 이전하는 경우
> ㉢ 등기부등본상 본인 지분을 초과하지 아니하는 공유물·합유물의 분할로 인한 취득
> ㉣ 대한민국 정부기관의 취득에 대하여 과세하는 외국정부의 취득
> ㉤ 무덤과 이에 접속된 부속시설물의 부지로 사용되는 토지로서 지적공부상 지목이 묘지인 토지의 취득

① ㉡   ② ㉠, ㉡   ③ ㉠, ㉡, ㉢
④ ㉠, ㉡, ㉢, ㉣   ⑤ ㉠, ㉡, ㉢, ㉣, ㉤

25 「지방세법」상 취득의 시기 등에 관한 설명으로 옳은 것은?
① 「민법」 제245조 및 제247조에 따른 점유로 인한 취득의 경우: 점유를 개시한 날
② 건축물을 건축하여 취득하는 경우: 사실상의 사용일에 관계없이 사용승인서를 내주는 날
③ 「도시 및 주거환경정비법」 제35조 제3항에 따른 재건축조합이 재건축사업을 하면서 조합원으로부터 취득하는 토지 중 조합원에게 귀속되지 아니하는 토지를 취득하는 경우: 소유권이전 고시일
④ 토지의 지목변경에 따른 취득: 토지의 지목이 사실상 변경된 날. 다만, 사실상 변경된 날이 불분명한 경우에는 공부상 지목이 변경된 날
⑤ 「민법」 제839조의2 및 제843조에 따른 재산분할로 인한 취득의 경우: 취득물건의 등기일 또는 등록일

26 「지방세법」상 취득의 시기에 관한 설명으로 틀린 것은?
① 증여를 원인으로 취득한 부동산: 그 계약일과 등기일 중 빠른 날
② 연부로 취득하는 부동산(취득가액의 총액이 면세점의 적용을 받는 것은 제외): 그 사실상의 연부금 지급일과 등기일 중 빠른 날
③ 매립·간척 등으로 원시취득하는 토지: 공사준공인가일. 다만, 공사준공인가일 전에 사용승낙·허가를 받거나 사실상 사용하는 경우에는 사용승낙일·허가일 또는 사실상 사용일 중 빠른 날
④ 신고인이 제출한 자료로 사실상의 잔금지급일을 확인할 수 없는 부동산의 유상승계취득: 계약상의 잔금지급일(다만, 계약상 잔금 지급일이 명시되지 않은 경우에는 계약일부터 90일이 경과한 날을 말함)과 등기일 중 빠른 날
⑤ 「주택법」 제11조에 따른 주택조합이 주택건설사업을 하면서 조합원으로부터 취득하는 토지 중 조합원에게 귀속되지 아니하는 토지의 취득: 「주택법」 제49조에 따른 사용검사를 받은 날

27 「지방세법」상 취득세의 과세표준에 관한 설명으로 틀린 것은?
① 부동산을 유상거래로 승계취득하는 경우 취득당시가액은 취득시기 이전에 해당 물건을 취득하기 위하여 납세의무자 등이 거래 상대방이나 제3자에게 지급하였거나 지급하여야 할 일체의 비용으로서 사실상취득가격으로 한다.
② 지방자치단체의 장은 특수관계인 간의 유상거래로 그 취득에 대한 조세부담을 부당하게 감소시키는 행위 또는 계산을 한 것으로 인정되는 경우에는 시가인정액을 취득당시가액으로 결정할 수 있다. 여기서 부당행위계산은 특수관계인으로부터 시가인정액보다 낮은 가격으로 부동산을 취득한 경우로서 시가인정액과 사실상취득가격의 차액이 3억원 이상이거나 시가인정액의 100분의 5에 상당하는 금액 이상인 경우로 한다.
③ 부동산을 상속으로 무상취득하는 경우 취득당시가액은 시가표준액으로 한다.
④ 법인이 아닌 자가 건축물을 건축하여 원시취득하는 경우로서 사실상취득가격을 확인할 수 없는 경우의 취득당시가액은 시가인정액으로 한다.
⑤ 증여자의 채무를 인수하는 부담부 증여의 경우 채무부담액에 대해서는 유상승계취득에서의 과세표준을 적용하고, 취득물건의 시가인정액에서 채무부담액을 뺀 잔액에 대해서는 무상취득에서의 과세표준을 적용한다.

28 「지방세법」상 취득세의 과세표준에 관한 설명으로 틀린 것은?

① 특수관계인으로부터 시가인정액이 10억원인 토지를 9억원에 유상승계취득한 경우 사실상취득가격인 9억원이 취득세의 과세표준이다.

② 법인이 아닌 자가 토지의 지목을 사실상 변경한 경우로서 사실상취득가격을 확인할 수 없는 경우 취득당시가액은 토지의 지목이 사실상 변경된 때를 기준으로 지목변경 이후의 토지에 대한 시가표준액에서 지목변경 전의 토지에 대한 시가표준액을 뺀 가액으로 한다.

③ 양도담보에 따른 취득의 경우 취득당시가액은 양도담보에 따른 채무액(채무액 외에 추가로 지급한 금액이 있는 경우 그 금액을 포함)으로 한다. 다만, 그 채무액이 시가인정액보다 적은 경우 취득당시가액은 시가인정액으로 한다.

④ 부동산등을 한꺼번에 취득하여 각 과세물건의 취득 당시의 가액이 구분되지 않는 경우에는 한꺼번에 취득한 가격을 각 과세물건별 시가표준액 비율로 나눈 금액을 각각의 취득 당시의 가액으로 한다.

⑤ "시가인정액"이란 취득일 전 6개월부터 취득일 후 3개월 이내의 기간에 취득 대상이 된 부동산등에 대하여 "매매등" 사실이 있는 경우의 가액을 말한다.

29 「지방세법」상 부동산의 취득세 과세표준을 사실상취득가격으로 하는 경우 이에 포함될 수 있는 항목을 모두 고른 것은?(단, 아래 항목은 개인이 법인으로부터 시가로 유상취득하기 위하여 취득시기 이전에 지급하였거나 지급하여야 할 것으로 가정함)

> ㉠ 「공인중개사법」에 따른 공인중개사에게 지급한 중개보수
> ㉡ 할부 또는 연부 계약에 따른 이자상당액 및 연체료
> ㉢ 「전기사업법」, 「도시가스사업법」, 「집단에너지사업법」, 그 밖의 법률에 따라 전기·가스·열 등을 이용하는 자가 분담하는 비용
> ㉣ 취득에 필요한 용역을 제공받은 대가로 지급하는 용역비·수수료
> ㉤ 붙박이 가구·가전제품 등 건축물에 부착되거나 일체를 이루면서 건축물의 효용을 유지 또는 증대시키기 위한 설비·시설 등의 설치비용

① ㉣, ㉤
② ㉠, ㉡, ㉢
③ ㉡, ㉣, ㉤
④ ㉠, ㉢, ㉣, ㉤
⑤ ㉠, ㉡, ㉢, ㉣, ㉤

30 법인인 (주)합격은 다음과 같은 내용으로 법인인 (주)양도로부터 건물을 취득하였다. 이 때 (주)합격의 취득세 과세표준은 얼마인가?(단, 직접비용과 간접비용은 취득시기 이전에 지급 하였거나 지급하여야 할 것으로 가정함)

> (1) 계약총액 22억원(부가가치세 2억원 포함)
>   ㉠ 계약금 2억원
>   ㉡ 중도금 3억원
>   ㉢ 잔금 17억원
> (2) (주)합격이 건물취득과 관련하여 지출한 간접비용
>   ㉠ 취득대금 외에 당사자 약정에 의한 취득자 조건 부담액 5천만원
>   ㉡ 취득에 필요한 용역을 제공받은 대가로 지급하는 용역비 3천만원
>   ㉢ 부동산을 취득하는 경우 매입한 국민주택채권을 금융회사에 양도함으로써 발생하는 매각차손 1천만원
>   ㉣ 취득하는 물건의 판매를 위한 광고선전비 1천만원
>   ㉤ 「공인중개사법」에 따른 공인중개사에게 지급한 중개보수 2천만원

① 20억원
② 20억 9천만원
③ 21억 1천만원
④ 22억 9천만원
⑤ 23억 1천만원

31 「지방세법」상 취득세의 표준세율에 관한 설명으로 옳은 것은?
① 지방자치단체의 장은 조례로 정하는 바에 따라 취득세의 세율을 표준세율의 100분의 60의 범위에서 가감할 수 있다.
② 부동산을 상호 교환하여 소유권이전등기를 하는 것은 무상승계취득에 해당하는 세율을 적용한다.
③ 건축(신축과 재축은 제외) 또는 개수로 인하여 건축물 면적이 증가할 때에는 그 전체 면적을 원시취득으로 보아 세율을 적용한다.
④ 「사회복지사업법」에 따라 설립된 사회복지법인이 독지가의 기부에 의하여 건물을 취득한 경우에는 과세표준에 1천분의 28의 세율을 적용한다.
⑤ 주택을 신축 또는 증축한 이후 해당 주거용 건축물의 소유자(배우자 및 직계존비속을 포함)가 해당 주택의 부속토지를 취득하는 경우에는 유상거래를 원인으로 하는 주택에 대한 세율을 적용한다.

32 「지방세법」상 취득세의 표준세율이 동일한 것으로 묶인 것은?

> ㉠ 상속으로 상업용 건물의 취득
> ㉡ 비영리사업자가 증여로 농지를 취득
> ㉢ 원시취득
> ㉣ 총유물의 분할로 인한 취득
> ㉤ 주택을 소유하지 않은 1세대가 유상거래를 원인으로 취득당시가액이 5억원인 주택을 취득

① ㉠, ㉡, ㉢　　　　　　　　② ㉡, ㉣, ㉤　　　　　　　　③ ㉡, ㉢, ㉤
④ ㉡, ㉢, ㉣　　　　　　　　⑤ ㉠, ㉡, ㉣

33 「지방세법」상 취득세의 법인의 주택 취득 등 중과와 주택 수의 판단 범위에 관한 설명으로 틀린 것은?(단, 주택 유상거래 취득 중과세의 예외대상은 아니라고 가정함)

① 법인이 주택을 유상으로 취득하는 경우에는 1천분의 40에 중과기준세율의 100분의 400을 합한 세율을 적용한다.

② 1세대 2주택(대통령령으로 정하는 일시적 2주택은 제외)에 해당하는 주택으로서 조정대상지역에 있는 주택을 유상으로 취득하는 경우 또는 1세대 3주택에 해당하는 주택으로서 조정대상지역 외의 지역에 있는 주택을 유상으로 취득하는 경우에는 1천분의 40에 중과기준세율의 100분의 200을 합한 세율을 적용한다.

③ 1세대 3주택 이상에 해당하는 주택으로서 조정대상지역에 있는 주택을 유상으로 취득하는 경우 또는 1세대 4주택 이상에 해당하는 주택으로서 조정대상지역 외의 지역에 있는 주택을 유상으로 취득하는 경우에는 1천분의 40에 중과기준세율의 100분의 400을 합한 세율을 적용한다.

④ 조정대상지역에 있는 주택으로서 취득 당시 시가표준액(지분이나 부속토지만을 취득한 경우에는 전체 주택의 시가표준액을 말함)이 3억원 이상인 주택을 상속 외의 무상취득을 원인으로 취득하는 경우에는 1천분의 40에 중과기준세율의 100분의 400을 합한 세율을 적용한다. 다만, 1세대 1주택자가 소유한 주택을 배우자 또는 직계존비속이 무상취득하는 등 대통령령으로 정하는 경우는 제외한다.

⑤ 법인의 주택 취득 등 중과 적용시 주택의 공유지분이나 부속토지만을 소유하거나 취득하는 경우 주택을 소유하거나 취득한 것으로 보지 아니한다.

34 「지방세법」상 취득세의 법인의 주택 취득 등 중과 적용시 주택 수의 판단 범위에 관한 설명으로 옳은 것은 모두 몇 개인가?

> ㉠ 「신탁법」에 따라 신탁된 주택은 수탁자의 주택 수에 가산한다.
> ㉡ 「도시 및 주거환경정비법」 제74조에 따른 관리처분계획의 인가 및 「빈집 및 소규모주택 정비에 관한 특례법」 제29조에 따른 사업시행계획인가로 인하여 취득한 조합원입주권은 해당 주거용 건축물이 멸실된 경우라도 해당 조합원입주권 소유자의 주택 수에 가산한다.
> ㉢ 「부동산 거래신고 등에 관한 법률」 제3조 제1항 제2호에 따른 주택분양권은 해당 주택분양권을 소유한 자의 주택 수에 가산하지 아니한다.
> ㉣ 주택으로 과세하는 오피스텔은 해당 오피스텔을 소유한 자의 주택 수에 가산한다.

① 0개 ② 1개 ③ 2개
④ 3개 ⑤ 4개

35 「지방세법」상 표준세율과 중과기준세율의 100분의 400을 합한 세율을 적용하여 계산한 금액을 그 세액으로 하는 취득세의 과세대상에 관한 설명으로 틀린 것은?

① 고급오락장 · 고급주택에 부속된 토지의 경계가 명확하지 아니할 때에는 그 건축물 바닥면적의 10배에 해당하는 토지를 그 부속토지로 본다.

② 골프장 · 고급주택 · 고급오락장 또는 고급선박을 2명 이상이 구분하여 취득하거나 1명 또는 여러 명이 시차를 두고 구분하여 취득하는 경우는 중과세대상에서 제외한다.

③ 주거용 건축물을 취득한 날부터 60일[상속으로 인한 경우는 상속개시일이 속하는 달의 말일부터, 실종으로 인한 경우는 실종선고일이 속하는 달의 말일부터 각각 6개월(납세자가 외국에 주소를 둔 경우에는 각각 9개월)] 이내에 주거용이 아닌 용도로 사용하거나 고급주택이 아닌 용도로 사용하기 위하여 용도변경공사를 착공하는 경우는 제외한다.

④ 토지나 건축물을 취득한 후 5년 이내에 해당 토지나 건축물이 골프장, 고급주택 또는 고급오락장에 해당하게 된 경우에는 해당 중과세율을 적용하여 취득세를 추징한다.

⑤ 고급주택, 골프장 또는 고급오락장용 건축물을 증축 · 개축 또는 개수한 경우와 일반건축물을 증축 · 개축 또는 개수하여 고급주택 또는 고급오락장이 된 경우에 그 증가되는 건축물의 가액에 대하여 중과세율을 적용한다.

36 「지방세법」상 대도시에서 법인의 설립 등에 따른 부동산 취득에 대한 취득세의 중과세율에 관한 설명으로 틀린 것은?(단, 다른 중과세대상은 고려하지 아니함)

① 표준세율의 100분의 300에서 중과기준세율의 100분의 200을 **뺀** 세율을 적용한다. 다만, 유상거래를 원인으로 주택을 취득하는 경우의 취득세는 표준세율과 중과기준세율의 100분의 200을 합한 세율을 적용한다.

② 「지방세법」상 대도시(과밀억제권역에서 산업단지 제외)에서 법인의 설립 등에 따른 부동산을 취득하는 경우 중과세율의 적용을 받는 대상은 영리법인 뿐만 아니라 비영리법인을 포함한다.

③ 법인 설립에는 휴면법인을 인수하는 경우를 포함하지 아니하고, 수도권의 경우 서울특별시 외의 지역에서 서울특별시로의 전입은 대도시로의 전입으로 보지 아니한다.

④ 「의료법」에 따른 의료업 등 대도시 중과 제외 업종에 직접 사용할 목적으로 부동산을 취득하는 경우에는 표준세율을 적용한다.

⑤ 정당한 사유 없이 부동산 취득일부터 1년이 경과할 때까지 대도시 중과 제외 업종에 직접 사용하지 아니하는 경우 또는 부동산 취득일부터 2년 이상 해당 업종에 직접 사용하지 아니하고 매각하는 경우에는 중과세율을 적용한다.

37 「지방세법」상 취득세 표준세율에서 중과기준세율을 뺀 세율로 산출한 금액을 그 세액으로 하되, 유상거래로 주택을 취득하는 경우에는 표준세율에 100분의 50을 곱한 세율을 적용하여 산출한 금액을 그 세액으로 하는 경우가 아닌 것은?(단, 취득물건은 취득세 중과대상이 아님)

① 환매등기를 병행하는 부동산의 매매로서 환매기간 내에 매도자가 환매한 경우의 그 매도자와 매수자의 취득

② 상속으로 취득세의 감면대상이 되는 농지의 취득

③ 공유물·합유물의 분할 또는 「부동산 실권리자명의 등기에 관한 법률」 제2조 제1호 나목에서 규정하고 있는 부동산의 공유권 해소를 위한 지분이전으로 인한 취득(등기부등본상 본인 지분을 초과하는 부분의 경우에는 제외)

④ 무덤과 이에 접속된 부속시설물의 부지로 사용되는 토지로서 지적공부상 지목이 묘지인 토지의 취득

⑤ 「민법」 제834조, 제839조의2 및 제840조에 따른 재산분할로 인한 취득

38 「지방세법」상 중과기준세율을 적용하여 계산한 금액을 그 세액으로 하는 취득세 대상은 모두 몇 개인가?(단, 취득물건은 취득세 중과대상이 아님)

> ㉠ 「공간정보의 구축 및 관리 등에 관한 법률」 제67조에 따른 대(垈) 중 「국토의 계획 및 이용에 관한 법률」 등 관계 법령에 따른 택지공사가 준공된 토지에 정원 또는 부속시설물 등을 조성·설치하는 경우에 따른 토지의 소유자의 취득
> ㉡ 건축물을 건축하여 취득하는 경우로서 그 건축물에 대하여 등록에 대한 등록면허세의 세율규정에 따른 소유권의 보존등기 또는 소유권의 이전등기에 대한 등록면허세 납세의무가 성립한 후 취득세 규정에 따른 취득시기가 도래하는 건축물의 취득
> ㉢ 개수로 인하여 건축물 면적이 증가할 때 그 증가된 부분
> ㉣ 건축물의 이전으로 인한 취득(이전한 건축물의 가액이 종전 건축물의 가액을 초과하지 아니함)
> ㉤ 임시흥행장, 공사현장사무소 등 존속기간이 1년을 초과하는 임시건축물의 취득

① 1개   ② 2개   ③ 3개
④ 4개   ⑤ 5개

39 「지방세법」상 취득세의 부과·징수에 관한 설명으로 옳은 것은?

① 무상취득(상속은 제외) 또는 증여자의 채무를 인수하는 부담부 증여로 인한 취득의 경우는 취득일부터 3개월 이내에 그 과세표준에 세율을 적용하여 산출한 세액을 신고하고 납부하여야 한다.

② 취득세를 비과세, 과세면제 또는 경감받은 후에 해당 과세물건이 취득세 부과대상 또는 추징 대상이 되었을 때에는 그 사유 발생일부터 30일 이내에 해당 과세표준에 세율을 적용하여 산출한 세액[경감받은 경우에는 이미 납부한 세액(가산세 포함)을 공제한 세액을 말함]을 신고하고 납부하여야 한다.

③ 납세의무자가 신고기한까지 취득세를 시가인정액으로 신고한 후 지방자치단체의 장이 세액을 경정하기 전에 그 시가인정액을 수정신고한 경우에는 무신고가산세 및 과소신고가산세·초과환급신고가산세를 부과하지 아니한다.

④ 지목변경 등 취득으로 보는 과세물건을 신고를 하지 아니하고 매각하는 경우에는 산출세액에 100분의 80을 가산한 금액을 세액으로 하여 보통징수의 방법으로 징수한다.

⑤ 지방자치단체의 장은 취득세 납세의무가 있는 법인이 취득당시가액을 증명할 수 있는 장부와 관련 증거서류를 작성하지 아니한 경우에는 산출세액 또는 부족세액의 100분의 20에 상당하는 금액을 징수하여야 할 세액에 가산한다.

40 「지방세기본법」 및 「지방세법」상 취득세의 면세점과 부과·징수에 관한 설명으로 옳은 것은?

① 등기·등록관서의 장은 등기 또는 등록 후에 취득세가 납부되지 아니하였거나 납부부족액을 발견하였을 때에는 다음 달 20일까지 납세지를 관할하는 시장·군수·구청장에게 통보하여야 한다.

② 일시적 2주택으로 신고하였으나 신규 주택을 취득한 날부터 3년 내에 종전 주택을 처분하지 못하여 1주택으로 되지 아니한 경우에는 산출세액 또는 그 부족세액에 가산세를 합한 금액을 세액으로 하여 보통징수의 방법으로 징수한다.

③ 국가는 취득세 과세물건을 매각하면 매각일부터 60일 이내에 그 물건 소재지를 관할하는 지방자치단체의 장에게 통보하거나 신고하여야 한다.

④ 법정신고기한까지 과세표준 신고서를 제출한 자는 지방자치단체의 장이 「지방세법」에 따라 그 지방세의 과세표준과 세액을 결정하여 통지하기 전에는 기한후신고서를 제출할 수 있다.

⑤ 취득가액이 100만원 이하일 때에는 취득세를 부과하지 아니한다. 이 경우 토지나 건축물을 취득한 자가 그 취득한 날부터 2년 이내에 그에 인접한 토지나 건축물을 취득한 경우에는 각각 그 전후의 취득에 관한 토지나 건축물의 취득을 1건의 토지 취득 또는 1구의 건축물 취득으로 보아 면세점을 적용한다.

41 「지방세법」상 등록에 대한 등록면허세에 관한 설명으로 틀린 것은?

① 등록면허세에서 "등록"이란 재산권과 그 밖의 권리의 설정·변경 또는 소멸에 관한 사항을 공부에 등기하거나 등록하는 것을 말한다.

② 등록면허세에서 "등록"에는 취득세 부과제척기간이 경과한 물건의 등기 또는 등록과 취득세 면세점에 해당하는 물건의 등기 또는 등록은 포함한다.

③ 등기·등록이 된 이후 법원의 판결 등에 의하여 그 등기·등록이 무효 또는 취소가 되어 등기·등록이 말소된 경우 이미 납부한 등록면허세는 과오납으로 환급할 수 있다.

④ 甲이 乙소유 부동산에 관해 전세권설정등기를 하는 경우에 등록면허세의 납세의무자는 전세권자인 甲이다.

⑤ 지방세의 체납으로 인하여 압류의 등기를 한 재산에 대하여 압류해제의 등기를 할 경우 등록면허세를 부과하지 아니한다.

42 「지방세법」상 등록면허세에 관한 설명으로 틀린 것은?

① 대한민국 정부기관의 등록에 대하여 과세하는 외국정부의 등록 또는 면허의 경우에는 등록면허세를 부과한다.

② 등록면허세에서 "등록"에는 광업권·어업권 및 양식업권의 취득에 따른 등록은 포함한다.

③ 등기 담당 공무원의 착오로 인한 지번의 오기에 대한 경정 등기에 대해서는 등록면허세를 부과하지 아니한다.

④ 무덤과 이에 접속된 부속시설물의 부지로 사용되는 토지로서 지적공부상 지목이 묘지인 토지에 관한 등기에 대하여는 등록면허세를 부과한다.

⑤ 등록을 하는 자는 등록면허세를 납부할 의무를 진다. 여기서 「등록을 하는 자」란 재산권 기타 권리의 설정·변경 또는 소멸에 관한 사항을 공부에 등기 또는 등록을 받는 등기·등록부상에 기재된 명의자(등기권리자)를 말한다.

43 「지방세법」상 등록에 대한 등록면허세에 관한 설명으로 옳은 것은?

① 취득당시가액을 등록면허세의 과세표준으로 하는 경우 등록 당시에 자산재평가의 사유로 그 가액이 달라진 때에도 자산재평가 전의 가액을 과세표준으로 한다.

② 거주자인 개인 甲은 乙이 소유한 시가 5억원인 부동산에 전세기간 2년, 전세보증금 3억원으로 하는 전세계약을 체결하고, 전세권 설정등기를 한 경우 甲의 등록면허세 납부세액은 60만원이다.

③ 대도시에서 법인을 설립하거나 지점이나 분사무소를 설치함에 따른 등기 또는 대도시 밖에 있는 법인의 본점이나 주사무소를 대도시로 전입함에 따른 등기를 할 때에는 그 세율을 해당 표준세율의 100분의 200으로 한다.

④ 부동산등기에 대한 등록면허세의 산출한 세액이 6천원 보다 적을 때에는 등록면허세를 징수하지 아니한다.

⑤ 소유권이전 등의 청구권을 보존하기 위한 가등기에 해당하는 경우에는 채권금액의 1천분의 2의 세율을 적용한다.

44 「지방세법」상 등록에 대한 등록면허세의 과세표준과 세율에 관한 설명으로 옳게 묶인 것은?

> ㉠ 등록면허세 신고서상 금액과 공부상 금액이 다를 경우 신고서상 금액을 과세표준으로 한다.
> ㉡ 취득세 부과제척기간이 경과한 물건의 등기 또는 등록을 원인으로 하는 등록의 경우에는 취득당시가액을 과세표준으로 한다.
> ㉢ 채권금액으로 과세액을 정하는 경우에 일정한 채권금액이 없을 때에는 채권의 목적이 된 것의 가액 또는 처분의 제한의 목적이 된 금액을 그 채권금액으로 본다.
> ㉣ 주택의 토지와 건축물을 한꺼번에 평가하여 토지나 건축물에 대한 과세표준이 구분되지 아니하는 경우에는 한꺼번에 평가한 개별주택가격을 토지나 건축물의 가액 비율로 나눈 금액을 각각 토지와 건축물의 과세표준으로 한다.
> ㉤ 전세권 등에 대해 저당권을 설정하는 경우에는 전세금액의 1천분의 2이다.

① ㉢, ㉣   ② ㉠, ㉡, ㉤   ③ ㉢, ㉣, ㉤

④ ㉠, ㉡, ㉣, ㉤   ⑤ ㉠, ㉡, ㉢, ㉣, ㉤

45 「지방세법」상 등록에 대한 등록면허세의 과세표준과 세율에 관한 설명으로 틀린 것은?(단, 산출한 세액이 6천원 보다 적을 때에는 6천원으로 함)

① 무상으로 인한 소유권 이전 등기 : 부동산 가액의 1천분의 15. 다만, 상속으로 인한 소유권 이전 등기의 경우에는 부동산 가액의 1천분의 8

② 유상으로 인한 소유권 이전 등기 : 부동산가액의 1천분의 20. 다만, 유상거래에 따른 세율을 적용받는 주택의 경우에는 해당 주택의 취득세율에 100분의 50을 곱한 세율

③ 지역권의 설정 등기 : 요역지 가액의 1천분의 2

④ 전세권의 설정 등기 : 전세금액의 1천분의 2

⑤ 가처분(부동산에 관한 권리를 목적으로 등기하는 경우를 포함)의 설정 등기 : 부동산가액의 1천분의 2

46 「지방세법」상 등록에 대한 등록면허세에 관한 설명으로 옳은 것은?

① 채권자대위자는 납세의무자를 대위하여 부동산의 등기에 대한 등록면허세를 신고납부할 수 없다.

② 등록면허세를 비과세, 과세면제 또는 경감받은 후에 해당 과세물건이 등록면허세 부과대상 또는 추징대상이 되었을 때에는 그 사유 발생일부터 60일 이내에 해당 과세표준에 세율을 적용하여 산출한 세액[경감받은 경우에는 이미 납부한 세액(가산세를 포함)을 공제한 세액을 말함]을 납세지를 관할하는 지방자치단체의 장에게 신고하고 납부하여야 한다.

③ 같은 채권의 담보를 위하여 설정하는 둘 이상의 저당권을 등록하는 경우에는 이를 하나의 등록으로 보아 그 등록에 관계되는 재산을 처음 등록하는 등록관청 소재지를 납세지로 한다.

④ 부동산등기에 대한 등록면허세의 납세지는 납세의무자의 주소지이다.

⑤ 신고의무를 다하지 아니한 경우에도 등록면허세 산출세액을 등록을 하기 전까지 납부하였을 때에는 신고를 하고 납부한 것으로 본다. 이 경우 무신고가산세액 및 과소신고가산세액의 100분의 50에 상당하는 금액을 감면한다.

47 「지방세법」상 등록에 대한 등록면허세에 관한 설명으로 틀린 것은?

① 등록을 하려는 자는 산출한 세액을 등록을 하기 전까지 납세지를 관할하는 지방자치단체의 장에게 신고하고 납부하여야 한다. 여기서 "등록을 하기 전까지"란 등기 또는 등록신청서를 등기·등록관서에 접수하는 날까지를 말한다.

② 등기·등록관서의 장은 등기 또는 등록 후에 등록면허세가 납부되지 아니하였거나 납부부족액을 발견한 경우에는 납세지를 관할하는 시장·군수·구청장에게 즉시 통보하여야 한다.

③ 부동산의 등록에 대한 등록면허세의 과세표준은 등록 당시의 가액으로 한다. 여기서 등록 당시의 가액은 조례로 정하는 바에 따라 등록자의 신고에 따른다. 다만, 신고가 없거나 신고가액이 시가표준액보다 적은 경우에는 시가표준액을 과세표준으로 한다.

④ 같은 채권을 위한 저당권의 목적물이 종류가 달라 둘 이상의 등기 또는 등록을 하게 되는 경우에 등기·등록관서가 이에 관한 등기 또는 등록 신청을 받았을 때에는 채권금액 전액에서 이미 납부한 등록면허세의 산출기준이 된 금액을 뺀 잔액을 그 채권금액으로 보고 등록면허세를 부과한다.

⑤ 등록면허세 납세의무자가 신고 또는 납부의무를 다하지 아니하면 산출한 세액 또는 그 부족세액에 가산세를 합한 금액을 세액으로 하여 보통징수의 방법으로 징수한다.

48 「지방세법」상 재산세의 납세의무자에 관한 설명으로 옳은 것은?

① 공부상의 소유자가 매매 등의 사유로 소유권이 변동되었는데도 신고하지 아니하여 사실상의 소유자를 알 수 없을 때에는 사용자가 재산세를 납부할 의무가 있다.

② 재산세 과세기준일 현재 소유권의 귀속이 분명하지 아니하여 사실상의 소유자를 확인할 수 없는 경우에는 공부상 소유자가 재산세를 납부할 의무가 있다.

③ 「도시개발법」에 따라 시행하는 환지 방식에 의한 도시개발사업 및 「도시 및 주거환경정비법」에 따른 정비사업(재개발사업만 해당)의 시행에 따른 환지계획에서 일정한 토지를 환지로 정하지 아니하고 체비지 또는 보류지로 정한 경우에는 종전 토지소유자가 재산세를 납부할 의무가 있다.

④ 「채무자 회생 및 파산에 관한 법률」에 따른 파산선고 이후 파산종결의 결정까지 파산재단에 속하는 재산의 경우 공부상 소유자는 재산세를 납부할 의무가 있다.

⑤ 지방자치단체와 재산세 과세대상 재산을 연부 매매계약을 체결하고 그 재산의 사용권을 유상으로 받은 경우에는 그 매수계약자를 납세의무자로 본다.

49 「지방세법」상 재산세 납세의무자에 관한 설명으로 옳은 것은?

① 법인인 (주)합격으로부터 과세대상토지를 연부로 매매계약을 체결하고 그 재산의 사용권을 무상으로 부여받은 경우에는 매수계약자를 납세의무자로 본다.

② 주택의 건물과 부속토지의 소유자가 다를 경우 그 주택에 대한 산출세액을 건축물과 그 부속토지의 면적 비율로 안분계산한 부분에 대하여 그 소유자를 납세의무자로 본다.

③ 「신탁법」 제2조에 따른 수탁자의 명의로 등기 또는 등록된 신탁재산의 경우에는 수탁자가 재산세를 납부할 의무가 있다.

④ 공유재산인 경우 그 지분에 해당하는 부분에 대하여 그 지분권자를 납세의무자로 보되, 지분의 표시가 없는 경우 공유자 중 나이가 가장 많은 사람을 납세의무자로 본다.

⑤ 상속이 개시된 재산으로서 상속등기가 되지 아니한 때에는 상속자가 지분에 따라 신고하면 신고된 지분에 따른 납세의무가 성립하고 신고가 없으면 주된 상속자에게 납세의무가 있다.

50 「지방세법」상 재산세의 과세대상에 관한 설명으로 옳은 것은?

① 건축물에서 허가 등이나 사용승인(임시사용승인을 포함)을 받지 아니하고 주거용으로 사용하는 면적이 전체 건축물 면적(허가 등이나 사용승인을 받은 면적을 포함)의 100분의 50 이상인 경우에는 그 건축물 전체를 주택으로 보지 아니하고, 그 부속토지는 별도합산과세대상에 해당하는 토지로 본다.

② 재산세 과세대상인 건축물의 범위에는 주택을 포함한다.

③ 재산세의 과세대상인 주택은 부속토지를 제외한 주거용 건축물을 말한다.

④ 주택 부속토지의 경계가 명백하지 아니한 경우 그 주택의 바닥면적의 20배에 해당하는 토지를 주택의 부속토지로 한다.

⑤ 관계 법령에 따라 허가 등을 받아야 함에도 불구하고 허가 등을 받지 않고 재산세의 과세대상 물건을 이용하는 경우로서 사실상 현황에 따라 재산세를 부과하면 오히려 재산세 부담이 낮아지는 경우 또는 재산세 과세기준일 현재의 사용이 일시적으로 공부상 등재현황과 달리 사용하는 것으로 인정되는 경우에는 공부상 등재현황에 따라 재산세를 부과한다.

51 「지방세법」상 재산세 과세대상 구분 등에 관한 설명으로 틀린 것은?

① 토지에 대한 재산세 과세대상은 종합합산과세대상, 별도합산과세대상 및 분리과세대상으로 구분한다.

② 종합합산과세대상은 과세기준일 현재 납세의무자가 소유하고 있는 토지 중 별도합산과세대상 또는 분리과세대상이 되는 토지를 제외한 토지이다.

③ 재산세에서 "토지"란 「공간정보의 구축 및 관리 등에 관한 법률」에 따라 지적공부의 등록대상이 되는 토지와 그 밖에 사용되고 있는 사실상의 토지를 말한다.

④ 1구의 건물이 주거와 주거 외의 용도로 사용되고 있는 경우에는 주거용으로 사용되는 부분만을 주택으로 본다.

⑤ 재산세는 토지, 건축물, 주택, 항공기 및 선박을 과세대상으로 한다.

52 「지방세법」상 토지에 대한 재산세를 부과함에 있어서 종합합산과세대상 토지에 해당하는 것은?

① 1989년 12월 31일 이전부터 소유하는 「개발제한구역의 지정 및 관리에 관한 특별조치법」에 따른 개발제한구역의 임야

② 도시지역 밖의 목장용지로서 과세기준일이 속하는 해의 직전 연도를 기준으로 축산용 토지 및 건축물의 기준을 적용하여 계산한 토지면적의 범위를 초과하여 소유하는 토지

③ 1990년 5월 31일 이전부터 사회복지사업자가 복지시설이 소비목적으로 사용할 수 있도록 하기 위하여 소유하는 농지

④ 회원제 골프장용 토지

⑤ 군 지역에 소재한 공장용 건축물의 부속토지로서 공장입지 기준면적 이내의 토지

53 「지방세법」상 토지에 대한 재산세를 부과함에 있어서 분리과세대상 토지는 모두 몇 개인가?

ⓐ 도시지역 밖의 「농지법」에 따른 농업법인이 소유하는 농지로서 과세기준일 현재 실제 영농에 사용되고 있는 농지

ⓑ 「문화유산의 보존 및 활용에 관한 법률」에 따른 지정문화유산 안의 임야

ⓒ 과세기준일 현재 계속 염전으로 실제 사용하고 있거나 계속 염전으로 사용하다가 사용을 폐지한 토지. 다만, 염전 사용을 폐지한 후 다른 용도로 사용하는 토지는 제외

ⓓ 「건축법」 등 관계 법령에 따라 허가 등을 받아야 할 일반영업용 건축물로서 허가 등을 받지 아니한 건축물 또는 사용승인을 받아야 할 일반영업용 건축물로서 사용승인(임시사용승인을 포함)을 받지 아니하고 사용 중인 건축물의 부속토지

ⓔ 일반영업용 건축물의 시가표준액이 해당 부속토지의 시가표준액의 100분의 2에 미달하는 건축물의 부속토지 중 그 건축물의 바닥면적을 제외한 부속토지

① 1개   ② 2개   ③ 3개
④ 4개   ⑤ 5개

54 「지방세법」상 재산세 과세대상 토지에 대한 과세방법을 설명한 것으로 틀린 것은?

① 1990년 5월 31일 이전부터 소유하고 있는 「수도법」에 따른 상수원 보호구역의 임야: 분리과세대상 토지

② 「체육시설의 설치·이용에 관한 법률 시행령」 제12조에 따른 스키장 및 골프장용 토지 중 원형이 보전되는 임야: 분리과세대상 토지

③ 「도로교통법」에 따라 견인된 차를 보관하는 토지로서 같은 법에서 정하는 시설을 갖춘 토지: 별도합산과세대상 토지

④ 「장사 등에 관한 법률」 제14조 제3항에 따른 설치·관리허가를 받은 법인묘지용 토지로서 지적공부상 지목이 묘지인 토지: 별도합산과세대상 토지

⑤ 1990년 5월 31일 이전부터 종중이 소유하고 있는 임야: 분리과세대상 토지

55 「지방세법」상 재산세의 비과세 대상을 모두 고른 것은?(단, 아래의 답항별로 주어진 자료 외의 비과세요건은 충족한 것으로 가정함)

> ㉠ 임시로 사용하기 위하여 건축된 고급오락용 건축물로서 재산세 과세기준일 현재 1년 미만의 것
> ㉡ 「자연공원법」에 따라 지정된 공원자연환경지구의 임야
> ㉢ 농업용 및 발전용에 제공하는 댐·저수지·소류지와 자연적으로 형성된 호수·늪
> ㉣ 「건축법 시행령」 제80조의2에 따른 대지 안의 공지
> ㉤ 「백두대간 보호에 관한 법률」 제6조에 따라 지정된 백두대간보호지역의 임야

① ㉡, ㉢
② ㉡, ㉤
③ ㉢, ㉤
④ ㉠, ㉡, ㉢, ㉤
⑤ ㉡, ㉢, ㉣, ㉤

56 「지방세법」상 재산세의 비과세 대상인 것을 모두 고른 것은?(단, 아래의 답항별로 주어진 자료 외의 비과세요건은 충족한 것으로 가정함)

> ㉠ 「도로법」 제2조 제2호에 따른 도로의 부속물 중 도로관리시설, 휴게시설, 주유소, 충전소, 교통·관광안내소 및 도로에 연접하여 설치한 연구시설
> ㉡ 무덤과 이에 접속된 부속시설물의 부지로 사용되는 토지로서 지적공부상 지목이 묘지인 토지
> ㉢ 「공간정보의 구축 및 관리 등에 관한 법률」에 따른 제방으로서 특정인이 전용하는 제방
> ㉣ 소유권의 유상이전을 약정한 경우로서 그 재산을 취득하기 전에 지방자치단체조합이 1년 이상 공용 또는 공공용으로 미리 사용하는 경우
> ㉤ 「군사기지 및 군사시설 보호법」에 따른 군사기지 및 군사시설 보호구역 중 통제보호구역에 있는 대지

① ㉡
② ㉡, ㉢
③ ㉡, ㉢, ㉣
④ ㉠, ㉢, ㉣, ㉤
⑤ ㉠, ㉡, ㉢, ㉣, ㉤

57 「지방세법」상 시가표준액의 산정기준과 재산세의 과세표준에 관한 설명으로 틀린 것은?

① 토지에 대한 시가표준액은 「부동산 가격공시에 관한 법률」에 따라 개별공시지가가 공시되지 아니한 경우에는 특별자치시장·특별자치도지사·시장·군수 또는 구청장(자치구의 구청장을 말함)이 같은 법에 따라 국토교통부장관이 제공한 토지가격비준표를 사용하여 산정한 가액으로 한다.

② 공동주택가격에 대한 시가표준액은 「부동산 가격공시에 관한 법률」에 따라 공동주택가격이 공시되지 아니한 경우에는 대통령령으로 정하는 기준에 따라 특별자치시장·특별자치도지사·시장·군수 또는 구청장이 산정한 가액으로 한다.

③ 상업용 건축물에 대한 시가표준액은 거래가격, 수입가격, 신축·건조·제조가격 등을 고려하여 정한 기준가격에 종류, 구조, 용도, 경과연수 등 과세대상별 특성을 고려하여 대통령령으로 정하는 기준에 따라 지방자치단체의 장이 결정한 가액으로 한다.

④ 공독주택의 재산세 과세표준은 공동주택가격에 100분의 70의 공정시장가액비율을 곱하여 산정한 가액으로 한다.

⑤ 선박의 재산세의 과세표준은 시가표준액으로 한다.

58 「지방세법」상 재산세의 과세대상 중 과세표준이 증가함에 따라 재산세 부담이 누진적으로 증가할 수 있는 것은 모두 몇 개인가?

> ㉠ 「지방세법」 제111조의2에서 규정하고 있는 시가표준액이 9억원 이하인 대통령령으로 정하는 1세대 1주택
> ㉡ 고급오락장용 건축물
> ㉢ 시(읍·면지역은 제외) 지역에서 「국토의 계획 및 이용에 관한 법률」에 따라 지정된 주거지역의 공장용 건축물
> ㉣ 「도로교통법」에 따라 등록된 자동차운전학원의 자동차운전학원용 토지로서 같은 법에서 정하는 시설을 갖춘 구역 안의 토지
> ㉤ 영업용 건축물의 시가표준액이 해당 부속토지의 시가표준액의 100분의 2에 미달하는 건축물의 부속토지 중 그 건축물의 바닥면적을 제외한 부속토지

① 1개   ② 2개   ③ 3개
④ 4개   ⑤ 5개

59 「지방세법」상 재산세의 세율적용 등에 관한 설명으로 틀린 것은?

① 종합합산과세대상 토지에 대한 재산세는 납세의무자가 소유하고 있는 해당 지방자치단 체 관할구역에 있는 종합합산과세대상이 되는 토지의 가액을 모두 합한 금액을 과세표 준으로 하여 종합합산과세대상의 세율을 적용한다.

② 분리과세대상 토지에 대한 재산세는 분리과세대상이 되는 해당 토지의 가액을 과세표준 으로 하여 분리과세대상의 세율을 적용한다.

③ 토지에 대한 재산세의 세율을 적용하는 경우 이 법 또는 관계 법령에 따라 재산세를 경 감할 때에는 과세표준에서 경감대상 토지의 과세표준액에 경감비율(비과세 또는 면제의 경우에는 이를 100분의 100으로 봄)을 곱한 금액을 공제하여 세율을 적용한다.

④ 주택에 대한 토지와 건물의 소유자가 다른 경우 해당 주택의 토지와 건물의 가액을 합산 한 과세표준에 주택의 세율을 적용한다.

⑤ 지방자치단체의 장은 조례로 정하는 바에 따라 표준세율의 100분의 50의 범위에서 가감 할 수 있으며, 가감한 세율은 해당 연도부터 3년간 적용한다.

60 「지방세법」상 재산세의 부과·징수에 관한 설명으로 옳은 것은?

① 건축물에 대한 재산세의 납기는 매년 9월 16일에서 9월 30일이다.

② 해당 연도에 주택에 부과할 세액이 50만원인 경우 재산세의 납기를 7월 16일부터 7월 31일까지로 하여 한꺼번에 부과·징수할 수 있다.

③ 재산세를 징수하려면 토지, 건축물, 주택, 선박 및 항공기로 구분한 납세고지서에 과세표 준과 세액을 적어 늦어도 납기개시 10일 전까지 발급하여야 한다.

④ 건축물에 대한 재산세의 납세지는 건축물 소유자의 주소지를 관할하는 지방자치단체이다.

⑤ 사실상 종중재산으로서 공부상에는 개인 명의로 등재되어 있는 재산의 공부상 소유자는 과세기준일부터 15일 이내에 그 소재지를 관할하는 지방자치단체의 장에게 그 사실을 알 수 있는 증거자료를 갖추어 신고하여야 한다.

61 「지방세법」상 신탁재산 수탁자의 물적납세의무에 관한 설명으로 옳은 것은 모두 몇 개인가?

> ㉠ 신탁재산의 위탁자가 신탁 설정일 이후에 법정기일이 도래하는 해당 신탁재산과 관련하여 발생한 재산세 등을 체납한 경우로서 그 위탁자의 다른 재산에 대하여 체납처분을 하여도 징수할 금액에 미치지 못할 때에는 해당 신탁재산의 수탁자는 그 신탁재산으로써 위탁자의 재산세 등을 납부할 의무가 있다.
> ㉡ 신탁재산 수탁자의 물적납세의무에 따라 수탁자로부터 납세의무자의 재산세등을 징수하려는 지방자치단체의 장은 납부통지서를 수탁자에게 고지하여야 한다.
> ㉢ 납부통지서에 따른 고지가 있은 후 납세의무자인 위탁자가 신탁의 이익을 받을 권리를 포기 또는 이전하거나 신탁재산을 양도하는 등의 경우에도 고지된 부분에 대한 납세의무에는 영향을 미치지 아니한다.
> ㉣ 신탁재산의 수탁자가 변경되는 경우에 새로운 수탁자는 이전의 수탁자에게 고지된 납세의무를 승계한다.
> ㉤ 신탁재산에 대하여 「지방세징수법」에 따라 체납처분을 하는 경우 「지방세기본법」 제71조 제1항에도 불구하고 수탁자는 「신탁법」 제48조 제1항에 따른 신탁재산의 보존 및 개량을 위하여 지출한 필요비 또는 유익비의 우선변제를 받을 권리가 있다.

① 1개   ② 2개   ③ 3개
④ 4개   ⑤ 5개

62 「지방세법」상 재산세의 물납과 분할납부에 관한 설명으로 틀린 것은 모두 몇 개인가?

> ㉠ 지방자치단체의 장은 재산세의 납부세액이 1천만원을 초과하는 경우 납세의무자의 신청을 받아 관할구역에 관계없이 해당 납세의무자의 부동산에 대하여 물납을 허가할 수 있다.
> ㉡ 재산세를 물납하려는 자는 관련 서류를 갖추어 그 납부기한 10일 전까지 납세지를 관할하는 시장·군수·구청장에게 신청하여야 한다.
> ㉢ 물납을 허가하는 부동산의 가액은 재산세 과세기준일 현재의 시가로 한다.
> ㉣ 지방자치단체의 장은 재산세의 납부세액이 250만원을 초과하는 경우에는 납부할 세액의 일부를 납부기한이 지난 날부터 6개월 이내에 분할납부하게 할 수 있다.
> ㉤ 분할납부하려는 자는 재산세의 납부기한까지 재산세 분할납부신청서를 시장·군수·구청장에게 제출하여야 한다.

① 1개   ② 2개   ③ 3개
④ 4개   ⑤ 5개

63 「종합부동산세법」상 종합부동산세에 관한 설명으로 틀린 것은?

① 종합부동산세는 국내에 소재하는 토지에 대하여 「지방세법」의 규정에 의한 종합합산과세대상, 별도합산과세대상 및 분리과세대상으로 구분하여 과세한다.

② 「체육시설의 설치·이용에 관한 법률 시행령」 제12조에 따른 스키장 및 골프장용 토지 중 원형이 보전되는 임야는 종합부동산세의 과세대상이다.

③ 혼인함으로써 1세대를 구성하는 경우에는 혼인한 날부터 5년 동안은 주택 또는 토지를 소유하는 자와 그 혼인한 자별로 각각 1세대로 본다.

④ 「도로교통법」에 따라 견인된 차를 보관하는 토지로서 같은 법에서 정하는 시설을 갖춘 토지는 종합부동산세의 과세대상이다.

⑤ 재산세의 감면규정은 종합부동산세를 부과하는 경우에 준용한다. 다만, 재산세의 감면규정에 따라 종합부동산세를 경감하는 것이 종합부동산세를 부과하는 취지에 비추어 적합하지 않은 것으로 인정되는 경우 등 대통령령으로 정하는 경우에는 종합부동산세를 부과할 때 재산세의 감면규정을 적용하지 아니한다.

64 「종합부동산세법」상 종합부동산세에 관한 설명으로 틀린 것은?

① 2주택을 소유하여 1천분의 27의 세율이 적용되는 법인 또는 법인으로 보는 단체의 경우에는 세부담의 상한이 적용되지 아니한다.

② 종합부동산세는 주택에 대한 종합부동산세와 토지에 대한 종합부동산세의 세액을 합한 금액을 그 세액으로 한다. 이 경우 토지에 대한 종합부동산세의 세액은 토지분 종합합산세액과 토지분 별도합산세액을 합한 금액으로 한다.

③ 1990년 5월 31일 이전부터 사회복지사업자가 복지시설이 소비목적으로 사용할 수 있도록 하기 위하여 소유하는 농지는 종합부동산세의 과세대상이 아니다.

④ 건축법 등 관계 법령에 따라 허가 등을 받아야 할 건축물로서 허가 등을 받지 아니한 건축물의 부속토지는 종합부동산세의 과세대상이다.

⑤ 「신탁법」 제2조에 따른 수탁자의 명의로 등기 또는 등록된 신탁주택의 경우에는 수탁자가 종합부동산세를 납부할 의무가 있다.

65 「종합부동산세법」상 종합부동산세에 관한 설명으로 옳은 것은?

① 종합부동산세의 과세대상인 토지의 범위는 재산세의 과세대상인 토지의 범위와 같다.

② 수탁자의 명의로 등기 또는 등록된 신탁토지의 경우에는 위탁자가 종합부동산세를 납부할 의무가 있다. 이 경우 위탁자가 신탁토지를 소유한 것으로 본다.

③ 별도합산과세대상인 토지에 대한 종합부동산세의 과세표준은 납세의무자별로 해당 과세대상토지의 공시가격을 합산한 금액에서 5억원을 공제한 금액에 100분의 70의 공정시장가액비율을 곱한 금액으로 한다. 다만, 그 금액이 영보다 작은 경우에는 영으로 본다.

④ 종합합산과세대상인 토지에 대한 종합부동산세의 과세표준은 납세의무자별로 해당 과세대상토지의 공시가격을 합산한 금액에서 80억원을 공제한 금액에 100분의 70의 공정시장가액비율을 곱한 금액으로 한다. 다만, 그 금액이 영보다 작은 경우에는 영으로 본다.

⑤ 과세표준에 1천분의 50의 세율이 적용되는 3주택을 소유한 법인의 해당 연도에 납부하여야 할 주택에 대한 총세액 상당액이 직전 연도에 주택에 대한 총세액 상당액의 100분의 150을 초과하는 경우에는 그 초과하는 세액에 대하여는 이를 없는 것으로 본다.

66 「종합부동산세법」상 1세대 1주택자에 관한 설명으로 틀린 것은?

① "1세대 1주택자"란 세대원 중 1명만이 주택분 재산세 과세대상인 1주택만을 소유한 경우로서 그 주택을 소유한 거주자를 말한다.

② 「건축법 시행령」 별표 1 제1호 다목에 따른 다가구주택은 1주택으로 보되, 합산배제 임대주택으로 신고한 경우에는 1세대가 독립하여 구분 사용할 수 있도록 구획된 부분을 각각 1주택으로 본다.

③ 합산배제 신고한 「문화유산의 보존 및 활용에 관한 법률」에 따른 등록문화유산은 해당하는 주택은 1세대 1주택자 여부를 판단할 때 1세대가 소유한 주택 수에서 제외한다.

④ 보유기간별 세액공제를 적용할 때 소실·도괴·노후 등으로 인하여 멸실되어 재건축 또는 재개발하는 주택에 대하여는 그 멸실된 주택을 취득한 날부터 보유기간을 계산하고, 배우자로부터 상속받은 주택은 상속인이 해당 주택을 취득한 날부터 보유기간을 계산한다.

⑤ 1세대가 일반 주택과 합산배제 신고한 임대주택을 각각 1채씩 소유한 경우에는 과세기준일 현재 일반 주택에 주민등록이 되어 있고 실제로 거주하고 있는 경우에 한정하여 1세대 1주택자 여부를 판단할 때 1세대가 소유한 주택 수에서 제외한다.

67 「종합부동산세법」상 1세대 1주택자의 범위와 신탁토지 관련 수탁자의 물적납세의무에 관한 설명으로 틀린 것은?

① 1주택(주택의 부속토지만을 소유한 경우는 제외)과 다른 주택의 부속토지(주택의 건물과 부속토지의 소유자가 다른 경우의 그 부속토지를 말함)를 함께 소유하고 있는 경우에는 1세대 1주택자로 보지 아니한다.

② 1세대 1주택자가 보유하고 있는 주택을 양도하기 전에 신규주택을 취득(자기가 건설하여 취득하는 경우를 포함)하여 2주택이 된 경우로서 과세기준일 현재 신규주택을 취득한 날부터 3년이 경과하지 않은 경우에는 1세대 1주택자로 본다.

③ 1주택과 상속받은 주택으로서 대통령령으로 상속주택을 함께 소유하고 있는 경우에는 1세대 1주택자로 본다.

④ 1주택과 주택 소재 지역, 주택 가액 등을 고려하여 대통령령으로 정하는 지방 저가주택을 함께 소유하고 있는 경우에는 1세대 1주택자로 본다.

⑤ 신탁토지의 위탁자가 신탁 설정일 이후에 법정기일이 도래하는 해당 신탁토지와 관련하여 발생한 종합부동산세를 체납한 경우로서 그 위탁자의 다른 재산에 대하여 강제징수를 하여도 징수할 금액에 미치지 못할 때에는 해당 신탁토지의 수탁자는 그 신탁토지로써 위탁자의 종합부동산세를 납부할 의무가 있다.

68 「종합부동산세법」상 주택과 토지에 대한 과세에 관한 설명으로 옳은 것은?(단, 주어진 조건 외에는 고려하지 아니함)

① 납세의무자가 2주택을 소유한 개인의 경우 과세표준에 1천분의 5~1천분의 50의 7단계 초과누진세율을 적용하여 계산한 금액을 택분 종합부동산세액으로 한다.

② 별도합산과세대상인 토지에 대한 종합부동산세의 세액은 과세표준에 1천분의 10~1천분의 30의 3단계 초과누진세율을 적용하여 계산한 금액으로 한다.

③ 주택에 대한 종합부동산세의 과세표준 계산시 합산배제 임대주택 등 합산배제주택을 보유한 납세의무자는 해당 연도 10월 16일부터 10월 31일까지 납세지 관할 세무서장에게 해당 주택의 보유현황을 신고하여야 한다.

④ 별도합산과세대상인 토지의 과세표준 금액에 대하여 해당 과세대상 토지의 토지분 재산세로 부과된 세액(「지방세법」 제111조 제3항에 따라 가감조정된 세율이 적용된 경우에는 그 세율이 적용된 세액, 같은 법 제122조에 따라 세부담 상한을 적용받은 경우에는 그 상한을 적용받은 세액을 말함)은 토지분 별도합산세액에서 이를 공제한다.

⑤ 주택분 종합부동산세액을 계산할 때 1주택을 여러 사람이 공동으로 매수하여 소유한 경우 지분이 가장 큰 자가 그 주택을 소유한 것으로 본다.

69 거주자인 나부자씨가 국내에 보유하고 있는 토지에 대한 공시가격이다. 「종합부동산세법」상 종합합산과세대상인 토지에 대한 나부자씨의 종합부동산세 과세표준을 계산하면 얼마인가?

> ㉠ 도시지역 밖의 목장용지로서 과세기준일이 속하는 해의 직전 연도를 기준으로 축산용 토지 및 건축물의 기준을 적용하여 계산한 토지면적의 범위를 초과하는 토지: 5억원
> ㉡ 「건축법」 등 관계 법령에 따라 허가 등을 받아야 할 일반영업용 건축물로서 허가 등을 받지 아니한 건축물 또는 사용승인을 받아야 할 일반영업용 건축물로서 사용승인(임시사용승인을 포함)을 받지 아니하고 사용 중인 건축물의 부속토지: 20억원
> ㉢ 시지역(읍·면지역 제외)의 산업단지에 위치한 공장용 건축물의 부속토지로서 공장입지 기준면적 이내의 토지: 10억원
> ㉣ 영업용 건축물의 부속토지로서 건축물의 바닥면적에 용도지역별 적용배율을 곱하여 산정한 면적 이내의 토지: 30억원

① 20억원   ② 25억원   ③ 50억원
④ 55억원   ⑤ 65억원

70 「종합부동산세법」상 종합부동산세에 관한 설명으로 옳은 것은?

① 과세대상 토지가 매매로 유상이전 되는 경우로서 매매계약서 작성일이 2024년 5월 10일이고, 잔금지급 및 소유권이전등기일이 2024년 6월 2일인 경우, 종합부동산세의 납세의무자는 매수인이다.

② 납세의무자가 종합부동산세를 신고하지 아니한 경우 무신고가산세를 적용한다.

③ 관할세무서장은 납세의무자가 토지분 종합합산세액의 납부유예를 그 납부기한 만료 3일 전까지 신청하는 경우 이를 허가할 수 있다. 이 경우 납부유예를 신청한 납세의무자는 그 유예할 주택분 종합부동산세액에 상당하는 담보를 제공하여야 한다.

④ 국내에 주소가 있는 거주자에 대한 종합부동산세의 납세지는 부동산소재지 관할세무서이다.

⑤ 신탁재산에 대하여 「국세징수법」에 따라 강제징수를 하는 경우 「국세기본법」 제35조 제1항에도 불구하고 수탁자는 「신탁법」 제48조 제1항에 따른 신탁재산의 보존 및 개량을 위하여 지출한 필요비 또는 유익비의 우선변제를 받을 권리가 있다.

71 「종합부동산세법」상 종합부동산세에 관한 설명으로 옳은 것은?

① 종합부동산세를 신고납부방식으로 납부하고자 하는 납세의무자는 종합부동산세의 과세표준과 세액을 해당 연도 12월 16일부터 12월 31일까지 관할세무서장에게 신고하여야 한다. 이 경우 관할세무서장의 결정은 없었던 것으로 본다.

② 해당 연도에 납부하여야 할 종합합산과세대상인 토지에 대한 총세액상당액이 직전연도에 종합합산과세대상인 토지에 대한 총세액상당액의 100분의 300을 초과하는 경우에 그 초과하는 세액은 이를 없는 것으로 본다.

③ 관할세무서장은 종합부동산세를 징수하려면 납부고지서에 주택 및 토지로 구분한 과세표준과 세액을 기재하여 납부기간 개시 10일 전까지 발급하여야 한다.

④ 납세자에게 부정행위가 없으며 특례제척기간에 해당하지 않는 경우 원칙적으로 납세의무 성립일부터 7년이 지나면 종합부동산세를 부과할 수 없다.

⑤ 관할세무서장 또는 납세지 관할 지방국세청장은 과세대상 누락, 위법 또는 착오 등으로 인하여 종합부동산세를 새로 부과할 필요가 있거나 이미 부과한 세액을 경정할 경우에는 다시 부과·징수할 수 있다.

72 「종합부동산세법」상 종합부동산세의 부과·징수 등에 관한 설명으로 옳은 것은?

① 관할세무서장은 종합부동산세로 납부하여야 할 세액이 1천만원을 초과하면 물납을 허가할 수 있다.

② 납부고지서를 받은 자가 분납하려는 때에는 종합부동산세의 납부기한 10일 전까지 종합부동산세분납신청서를 관할세무서장에게 제출해야 한다

③ 종합부동산세로 납부하여야 할 세액이 250만원 초과 5백만원 이하인 때에는 해당 세액의 100분의 50 이하의 금액을 납부기한이 지난 날부터 6개월 이내에 분납할 수 있다.

④ 납세의무자는 선택에 따라 신고·납부할 수 있으나, 신고를 함에 있어 납부세액을 과소하게 신고한 경우라도 과소신고·초과환급신고가산세가 적용되지 않는다.

⑤ 관할세무서장은 종합부동산세로 납부하여야 할 세액이 600만원인 경우 최대 300만원의 세액을 납부기한이 지난 날부터 6개월 이내에 분납할 수 있다.

73 「소득세법」상 소득세의 납세의무자와 과세소득의 범위 등에 관한 설명으로 옳은 것은?

① 거주자가 양도일까지 계속하여 국내에 3년 이상 주소 또는 거소를 둔 경우 국외에 있는 토지의 양도로 인하여 발생하는 소득에 대하여 양도소득세 납세의무가 있다.

② 소득세의 과세기간은 1월 1일부터 12월 31일까지 1년으로 한다. 다만, 사업자가 연도 중 사업을 폐업한 경우에 과세기간은 1월 1일부터 폐업한 날까지로 한다.

③ 공동으로 소유한 자산에 대한 양도소득금액을 계산하는 경우에는 해당 자산을 공동으로 소유하는 각 거주자가 납세의무를 진다.

④ 국내에 거소를 둔 기간이 2과세기간에 걸쳐 183일 이상인 경우에는 국내에 183일 이상 거소를 둔 것으로 본다.

⑤ 비거주자는 국내에 있는 토지의 양도로 인하여 발생하는 소득에 대하여 양도소득세 납세의무가 없다.

74 「소득세법」상 납세의무자와 과세소득의 범위 등에 관한 설명으로 옳은 것은 모두 몇 개인가?

> ⊙ 소득세의 과세기간은 1월 1일부터 12월 31일까지 1년으로 한다. 다만, 거주자가 사망한 경우의 과세기간은 1월 1일부터 사망한 날까지로 하고, 거주자가 주소 또는 거소를 국외로 이전하여 비거주자가 되는 경우의 과세기간은 1월 1일부터 출국한 날까지로 한다.
>
> ⓛ 부동산을 양도한 경우 거주자의 소득세 납세지는 부동산 소재지로 한다.
>
> ⓒ 비거주자의 소득세 납세지는 국내사업장의 소재지로 한다. 다만, 국내사업장이 둘 이상 있는 경우에는 주된 국내사업장의 소재지로 하고, 국내사업장이 없는 경우에는 국내원천소득이 발생하는 장소로 한다.
>
> ⓔ 법인으로 보는 단체 외의 법인 아닌 단체는 국내에 주사무소 또는 사업의 실질적 관리장소를 둔 경우에는 1거주자로, 그 밖의 경우에는 1비거주자로 보아 소득세법을 적용한다.
>
> ⓜ 신탁재산에 귀속되는 소득은 그 신탁의 이익을 받을 수익자(수익자가 사망하는 경우에는 그 상속인)에게 귀속되는 것으로 본다. 다만, 위탁자가 신탁재산을 실질적으로 통제하는 등 대통령령으로 정하는 요건을 충족하는 신탁의 경우에는 그 신탁재산에 귀속되는 소득은 위탁자에게 귀속되는 것으로 본다.

① 1개   ② 2개   ③ 3개
④ 4개   ⑤ 5개

75 「소득세법」상 거주자의 양도소득세 과세대상은 모두 몇 개인가?(단, 거주자가 국내 자산을 양도한 것으로 가정함)

> ㉠ 등기되지 않은 부동산임차권
> ㉡ 법인의 주식 등을 소유하는 것만으로 시설물을 배타적으로 이용하거나 일반이용자보다 유리한 조건으로 시설물이용권을 부여받게 되는 경우 그 주식 등
> ㉢ 사업에 사용하는 토지 또는 건물 및 부동산에 관한 권리과 함께 양도하는 영업권(영업권을 별도로 평가하지 아니하였으나 사회통념상 자산에 포함되어 함께 양도된 것으로 인정되는 영업권과 행정관청으로부터 인가·허가·면허 등을 받음으로써 얻는 경제적 이익을 포함)
> ㉣ 부동산매매계약을 체결한 거주자가 계약금액만 지급한 상태에서 양도하는 권리
> ㉤ 지방자치단체·한국토지공사가 발행하는 토지상환채권 및 주택상환사채

① 1개　　　　　　② 2개　　　　　　③ 3개
④ 4개　　　　　　⑤ 5개

76 「소득세법」상 양도소득세 과세대상을 모두 고른 것은?(단, 거주자가 국내 자산을 양도한 것으로 가정함)

> ㉠ 이용권·회원권 및 그 밖에 그 명칭과 관계없이 시설물을 배타적으로 이용하거나 일반이용자보다 유리한 조건으로 이용할 수 있도록 약정한 단체의 구성원이 된 자에게 부여되는 시설물이용권
> ㉡ 지역권
> ㉢ 전세권
> ㉣ 부동산을 취득할 수 있는 권리(건물이 완성되는 때에 그 건물과 이에 딸린 토지를 취득할 수 있는 권리를 포함)
> ㉤ 신탁 수익권

① ㉠, ㉡　　　　② ㉢, ㉣　　　　③ ㉠, ㉢, ㉣
④ ㉠, ㉢, ㉣, ㉤　　⑤ ㉠, ㉡, ㉢, ㉣, ㉤

77 「소득세법」상 양도에 해당하는 것을 모두 고른 것은?

> ㉠ 위탁자와 수탁자 간 신임관계에 기하여 위탁자의 자산에 신탁이 설정되고 그 신탁재산의 소유권이 수탁자에게 이전된 경우로서 위탁자가 신탁 설정을 해지하거나 신탁의 수익자를 변경할 수 있는 등 신탁재산을 실질적으로 지배하고 소유하는 것으로 볼 수 있는 경우
> ㉡ 배우자 간 또는 직계존비속 간의 부담부증여(「상속세 및 증여세법」 제44조에 따라 증여로 추정되는 경우를 포함)로서 수증자에게 인수되지 아니한 것으로 추정되는 채무액
> ㉢ 토지의 경계를 변경하기 위하여 「공간정보의 구축 및 관리 등에 관한 법률」 제79조에 따른 토지의 분할 등 대통령령으로 정하는 방법과 절차로 하는 토지 교환의 경우
> ㉣ 공동소유의 토지를 공유자지분 변경없이 2개 이상의 공유토지로 분할하였다가 공동지분의 변경없이 그 공유토지를 소유지분별로 단순히 재분할 하는 경우
> ㉤ 양도담보계약을 체결한 후 채무불이행으로 인하여 해당 부동산을 변제에 충당한 경우

① ㉤
② ㉡, ㉣
③ ㉠, ㉣
④ ㉠, ㉡, ㉣
⑤ ㉠, ㉡, ㉢, ㉣, ㉤

78 「소득세법」상 양도에 해당하는 것은 모두 몇 개인가?

> ㉠ 공동사업을 경영할 것을 약정하는 계약에 따라 「소득세법」 제94조 제1항의 자산을 해당 공동사업체에 현물출자하는 경우
> ㉡ 이혼으로 인하여 혼인중에 형성된 부부공동재산을 「민법」 제839조의2에 따라 재산분할 하는 경우
> ㉢ 소유자산을 경매·공매로 인하여 자기가 재취득하는 경우
> ㉣ 「도시개발법」이나 그 밖의 법률에 따른 환지처분에 따라 교부받은 토지의 면적이 환지처분에 따른 권리면적보다 감소하여 환지청산금 교부 대상인 부분의 경우
> ㉤ 토지소유자가 「도시개발법」에 의한 도시개발사업 등으로 환지받은 토지를 양도하거나 도시개발사업 시행자가 공사대금으로 취득한 보류지를 양도하는 경우

① 1개
② 2개
③ 3개
④ 4개
⑤ 5개

79 「소득세법」상 비과세 양도소득에 관한 설명으로 틀린 것은?

① 1세대 1주택 비과세 규정을 적용하는 경우 부부가 각각 세대를 달리 구성하는 경우에도 동일한 세대로 본다.

② 1세대 1주택의 비과세요건을 갖춘 대지와 건물을 동일한 세대의 구성원이 각각 소유하고 있는 경우에도 이를 1세대 1주택으로 본다.

③ 주택에 부수되는 토지면적은 주택정착면적의 도시지역 밖의 토지는 10배를 초과하지 아니하는 것으로 주택일부의 무허가 정착면적도 포함하여 계산한다.

④ 1세대 1주택에 대한 비과세 규정을 적용함에 있어 하나의 건물이 주택과 주택 외의 부분으로 복합되어 있는 고가주택인 겸용주택의 경우, 주택의 연면적이 주택 외의 연면적보다 클 때에는 그 전부를 주택으로 본다.

⑤ 비거주자에 대하여는 주거생활 안정 목적에서 운영되는 1세대 1주택의 비과세는 적용되지 아니한다.

80 「소득세법」상 비과세 양도소득에 관한 설명으로 옳은 것을 모두 고른 것은?

> ㉠ 「건축법 시행령」 별표 1 제1호 다목에 해당하는 다가구주택은 해당 다가구주택을 구획된 부분별로 분양하지 아니하고 하나의 매매단위로 하여 양도하는 경우 그 구획된 부분을 각각 하나의 주택으로 본다.
> ㉡ 1주택을 여러 사람이 공동으로 소유한 경우 특별한 규정이 있는 것 외에는 주택 수를 계산할 때 지분이 가장 큰 자가 그 주택을 소유한 것으로 본다.
> ㉢ "주택"이란 허가 여부나 공부상의 용도구분과 관계없이 세대의 구성원이 독립된 주거생활을 할 수 있는 구조로서 사실상 주거용으로 사용하는 건물을 말한다. 이 경우 그 용도가 분명하지 아니하면 공부상의 용도에 따른다.
> ㉣ "1세대"란 거주자 및 그 배우자(법률상 이혼을 하였으나 생계를 같이 하는 등 사실상 이혼한 것으로 보기 어려운 관계에 있는 사람을 포함)가 그들과 같은 주소 또는 거소에서 생계를 같이 하는 자[거주자 및 그 배우자의 직계존비속(그 배우자를 포함) 및 형제자매를 말하며, 취학, 질병의 요양, 근무상 또는 사업상의 형편으로 본래의 주소 또는 거소에서 일시 퇴거한 사람을 포함]와 함께 구성하는 가족단위를 말한다.
> ㉤ 「지적재조사에 관한 특별법」 제18조에 따른 경계의 확정으로 지적공부상의 면적이 감소되어 같은 법 제20조에 따라 지급받는 조정금에 대해서는 양도소득세를 과세한다.

① ㉢, ㉣　　　　　　② ㉠, ㉡, ㉤　　　　　　③ ㉡, ㉢, ㉣
④ ㉡, ㉢, ㉣, ㉤　　　⑤ ㉠, ㉡, ㉢, ㉣, ㉤

81 「소득세법」상 고가주택이 아닌 국내 소재 1세대 1주택의 비과세규정에 관한 설명으로 틀린 것은?(단, 주어진 조건 외에는 다른 비과세요건은 고려하지 아니함)

① 국내에 1주택을 소유한 1세대가 종전의 주택을 양도하기 전에 신규 주택을 취득(자기가 건설하여 취득한 경우를 포함)함으로써 일시적으로 2주택이 된 경우 종전의 주택을 취득한 날부터 1년 이상이 지난 후 신규 주택을 취득하고 신규 주택을 취득한 날부터 3년 이내에 종전의 주택을 양도하는 경우에는 이를 1세대 1주택으로 보아 비과세 규정을 적용한다.

② 상속받은 주택과 일반주택을 국내에 각각 1개씩 소유하고 있는 1세대가 상속받은 주택을 양도하는 경우에는 국내에 1개의 주택을 소유하고 있는 것으로 보아 비과세 규정을 적용한다.

③ 취학, 근무상의 형편, 질병의 요양, 그 밖에 부득이한 사유로 취득한 수도권 밖에 소재하는 주택과 일반주택을 국내에 각각 1개씩 소유하고 있는 1세대가 부득이한 사유가 해소된 날부터 3년 이내에 일반주택을 양도하는 경우에는 국내에 1개의 주택을 소유하고 있는 것으로 보아 비과세 규정을 적용한다.

④ 1주택을 보유하고 1세대를 구성하는 자가 1주택을 보유하고 있는 60세 이상의 직계존속을 동거봉양하기 위하여 세대를 합침으로써 1세대가 2주택을 보유하게 되는 경우 합친 날부터 10년 이내에 먼저 양도하는 주택은 이를 1세대 1주택으로 보아 비과세 규정을 적용한다.

⑤ 2개 이상의 주택을 같은 날에 양도하는 경우에는 당해 거주자가 선택하는 순서에 따라 주택을 양도한 것으로 본다.

82 甲은 비과세요건을 충족한 도시지역 내의 수도권 밖에 소재하는 등기된 단층형 겸용주택을 양도하였다. 「소득세법」상 양도소득세가 비과세되는 면적은?(단, 고가주택은 아니라고 가정함)

> • 건물: 주택 200m², 점포 300m²
> • 토지: 건물 부수토지: 1,200m²

① 건물 200m², 토지 480m²　　　　② 건물 200m², 토지 1,000m²

③ 건물 200m², 토지 1,200m²　　　　④ 건물 300m², 토지 200m²

⑤ 건물 300m², 토지 720m²

83 「소득세법」상 1세대 1주택의 비과세규정에 관한 설명으로 옳은 것을 모두 고른 것은?

> ㉠ 비거주자에 대하여는 1세대 1주택의 비과세 및 1세대 1주택의 장기보유특별공제는 적용되지 아니한다.
>
> ㉡ 비거주자가 해당 주택을 2년 이상 계속 보유하고 그 주택에서 거주한 상태로 거주자로 전환된 경우에는 해당 주택에 대한 거주기간 및 보유기간을 통산한다.
>
> ㉢ 상속받은 주택으로서 상속인과 피상속인이 상속 개시 당시 동일세대인 경우에도 상속개시 전에 상속인과 피상속인이 동일세대로서 거주하고 보유한 기간을 통산하지 아니한다.
>
> ㉣ 단독주택으로 보는 다가구주택의 경우에는 그 전체를 하나의 주택으로 보아 고가주택에 해당하는지를 판단한다.
>
> ㉤ 1주택 및 이에 딸린 토지의 일부를 양도하거나 일부가 타인 소유인 경우로서 실지거래가액 합계액에 양도하는 부분(타인 소유부분을 포함)의 면적이 전체 주택면적에서 차지하는 비율을 나누어 계산한 금액이 12억원을 초과하는 경우에는 고가주택으로 본다.

① ㉠, ㉣, ㉤
② ㉡, ㉢, ㉣
③ ㉠, ㉢, ㉣, ㉤
④ ㉠, ㉡, ㉢, ㉣
⑤ ㉠, ㉡, ㉢, ㉣, ㉤

84 「소득세법」상 고가주택이 아닌 국내 소재 등기된 1세대 1주택을 양도한 경우로서 양도소득세 비과세대상이 아닌 것은?(단, 주택의 취득당시 조정대상지역은 아니라고 가정함)

① 충청북도에 소재하는 주택을 1년 6개월 동안 보유하고 양도한 경우로서, 사업인정고시일 전에 취득한 주택이 법률에 의하여 수용된 경우

② 경상북도에 소재하는 출국일 현재 1주택을 1년 6개월 동안 보유하고 양도한 경우로서, 양도일부터 1년 전에 세대전원이 「해외이주법」에 따른 해외이주로 출국한 경우

③ 경기도에 소재하는 출국일 현재 1주택을 1년 6개월 동안 보유하고 양도한 경우로서, 양도일부터 1년 전에 1년 이상 해외거주를 필요로 하는 근무상의 형편으로 세대전원이 출국한 경우

④ 충청남도에 소재하는 주택을 1년 6개월 동안 보유하고 그 보유기간 중 6개월 동안 거주하다 양도한 경우로서, 법령이 정하는 근무상의 형편으로 다른 시로 이사한 경우

⑤ 「민간임대주택에 관한 특별법」에 따른 민간건설임대주택을 1년 전에 취득하여 양도한 경우로서, 해당 건설임대주택의 임차일부터 해당 주택의 양도일까지 세대전원이 거주한 기간이 6년 5개월인 경우

85 「소득세법」상 농지 교환으로 인한 양도소득세 비과세규정에 관한 설명으로 옳은 것은 모두 몇 개인가?(단, 「국토의 계획 및 이용에 관한 법률」에 따른 주거지역·상업지역·공업지역 외에 있는 농지이며, 환지예정지는 아님)

> ㉠ 교환하는 쌍방 토지가액의 차액이 가액이 큰 편의 3분의 1 이하인 경우를 말한다.
> ㉡ 경작상 필요에 의하여 교환하는 농지는 교환에 의하여 새로이 취득하는 농지를 3년 이상 농지소재지에 거주하면서 경작하는 경우에 한한다.
> ㉢ 경작상 필요에 의하여 교환하는 농지는 새로운 농지의 취득 후 3년 이내에 법률에 의하여 수용되는 경우에는 3년 이상 농지소재지에 거주하면서 경작한 것으로 본다.
> ㉣ 경작상 필요에 의하여 교환하는 농지는 새로운 농지 취득 후 3년 이내에 농지 소유자가 사망한 경우로서 상속인이 농지소재지에 거주하면서 계속 경작한 때에는 피상속인의 경작기간과 상속인의 경작기간을 통산한다.
> ㉤ 경작상 필요에 의하여 교환하는 농지에서 "농지소재지"라 함은 농지가 소재하는 시·군·구 안의 지역과 이에 연접한 시·군·구 안의 지역 및 농지로부터 직선거리 30킬로미터 이내에 있는 지역을 말한다.

① 1개   ② 2개   ③ 3개
④ 4개   ⑤ 5개

86 「소득세법」상 거주자의 양도소득에 대한 납세의무에 관한 설명으로 틀린 것은?

① 비과세요건을 충족한 1세대 1주택으로서 「건축법」에 의한 건축허가를 받지 아니하여 등기가 불가능한 미등기주택은 양도소득세 비과세가 배제되는 미등기양도자산에 해당하지 않는다.
② 법률의 규정 또는 법원의 결정에 의하여 양도당시 그 자산의 취득에 관한 등기가 불가능한 미등기주택은 양도소득세 비과세가 배제되는 미등기양도자산에 해당하지 않는다.
③ 「소득세법」상 미등기양도자산(미등기양도제외자산 아님)에 대해서는 필요경비개산공제를 적용하지 아니한다.
④ 「소득세법」상 미등기양도자산(미등기양도제외자산 아님)에 대해서는 장기보유특별공제와 양도소득기본공제를 적용하지 아니한다.
⑤ 국내에 주택 1채와 국외에 주택 1채를 소유하고 있는 거주자 甲이 등기된 국내주택을 먼저 양도하는 경우 1세대 1주택에 해당한다.

87 「소득세법」상 양도소득세 비과세대상인 1세대 1주택을 거주자 甲이 특수관계 없는 乙에게 다음과 같이 양도한 경우, 양도소득세의 비과세에 관한 규정을 적용할 때 비과세 받을 세액에서 뺄 금액은 얼마인가?

> ㉠ 양도계약 체결일 : 2024년 9월 23일
> ㉡ 양도계약서상의 거래가액 : 5억 7천만원
> ㉢ 양도시 시가 및 실지거래가액 : 5억원
> ㉣ 甲의 주택에 양도소득세 비과세에 관한 규정을 적용하지 않을 경우 양도소득 산출세액 : 5천만원

① 0원 ② 1천만원 ③ 2천만원
④ 5천만원 ⑤ 7천만원

88 「소득세법」상 양도차익을 계산함에 있어서 양도 또는 취득시기에 관한 설명으로 옳은 것은?

① 「공익사업을 위한 토지 등의 취득 및 보상에 관한 법률」에 따라 공익사업을 위하여 수용되는 경우 : 사업인정고시일
② 「부동산 거래신고 등에 관한 법률」에 따른 토지거래허가지역 안에 있는 토지를 양도함에 있어서 토지거래계약허가를 받기 전에 대금을 청산한 경우 : 허가일
③ 부동산의 소유권이 타인에게 이전되었다가 법원의 무효판결에 의하여 해당 자산의 소유권이 환원되는 경우 : 그 자산의 당초 취득일
④ 「민법」 제245조 제1항의 규정에 의하여 부동산의 소유권을 점유로 취득하는 경우 : 등기일
⑤ 해당 자산의 대금을 청산한 날까지 그 목적물이 완성 또는 확정되지 아니한 경우 : 대금을 청산한 날

89 「소득세법」상 양도소득세 과세대상 자산의 양도 또는 취득의 시기로 옳은 것은?

① 「공익사업을 위한 토지 등의 취득 및 보상에 관한 법률」이나 그 밖의 법률에 따라 공익사업을 위하여 수용되는 경우: 수용의 개시일

② 대금을 청산하기 전에 소유권이전등기(등록 및 명의의 개서를 포함)를 한 경우: 등기부·등록부 또는 명부 등에 기재된 등기접수일

③ 증여에 의하여 취득한 자산의 경우: 계약일

④ 「건축법」에 따른 건축 허가를 받지 아니하고 건축하는 건축물의 경우: 사용승인서 교부일

⑤ 「도시개발법」에 따른 환지처분으로 교부받은 토지의 면적이 환지처분에 의한 권리면적보다 증가한 경우 그 증가된 면적의 토지: 환지처분의 공고가 있은 날

90 「소득세법」상 거주자인 甲이 양도한 등기된 토지에 대한 자료이다. 다음의 자료를 바탕으로 세부담이 최소화하는 방향으로 양도소득세 양도차익을 산정하면 얼마인가?

> ㉠ 양도당시 실지거래가액: 500,000,000원
> ㉡ 양도당시 개별공시지가: 400,000,000원
> ㉢ 취득당시 실지거래가액: 불분명
> ㉣ 취득당시 매매사례가액: 불분명
> ㉤ 취득당시 감정가액: 불분명
> ㉥ 취득당시 개별공시지가: 40,000,000원
> ㉦ 세금계산서 등에 의하여 확인되는 자본적 지출액과 양도비용의 합계액: 20,000,000원

① 340,000,000원   ② 430,000,000원   ③ 440,000,000원
④ 448,800,000원   ⑤ 450,000,000원

91 「소득세법」상 양도차익을 실지거래가액으로 계산하는 경우에 필요경비에 해당하는 것을 열거한 것이다. 옳은 것은 모두 몇 개인가?(단, 자본적 지출액과 양도비는 세금계산서 등 증명서류를 수취·보관하거나 실제 지출사실이 금융거래 증명서류에 의하여 확인되는 경우로 가정함)

ㄱ 「지적재조사에 관한 특별법」제18조에 따른 경계의 확정으로 지적공부상의 면적이 증가되어 같은 법 제20조에 따라 징수한 조정금

ㄴ 납부의무자와 양도자가 동일한 경우 「재건축초과이익 환수에 관한 법률」에 따른 재건축부담금

ㄷ 양도자산의 용도변경·개량 또는 이용편의를 위하여 지출한 비용(재해·노후화 등 부득이한 사유로 인하여 건물을 재건축한 경우 그 철거비용을 포함)

ㄹ 취득 후 본래의 용도를 유지하기 위해 소요된 수익적 지출액

ㅁ 취득에 관한 쟁송이 있는 자산에 대하여 그 소유권 등을 확보하기 위하여 직접 소요된 소송비용·화해비용 등의 금액으로서 그 지출한 연도의 각 소득금액의 계산에 있어서 필요경비에 산입된 금액

ㅂ 현재가치할인차금 중 각 연도의 사업소득금액 계산시 필요경비로 산입하였거나 산입할 금액을 제외한 금액

ㅅ 취득시 법령의 규정에 따라 매입한 국민주택채권을 만기 전에 법령이 정하는 금융기관에 양도함으로써 발생하는 매각차손

ㅇ 매매계약에 따른 인도의무를 이행하기 위하여 양도자가 지출하는 명도비용

ㅈ 자산을 양도하기 위하여 직접 지출한 양도소득세과세표준 신고서 작성비용 및 계약서 작성비용, 공증비용, 인지대 및 소개비

---

① 4개   ② 5개   ③ 6개
④ 7개   ⑤ 8개

92 「소득세법」상 거주자 甲이 양도한 국내 소재 등기된 상가건물의 내역이다. 양도소득세 양도차익을 계산하면 얼마인가?(단, 자본적 지출액과 양도비는 세금계산서 등 증명서류를 수취·보관하거나 실제 지출사실이 금융거래 증명서류에 의하여 확인되는 경우로 가정함)

---

(1) 양도 및 취득내역
   ㄱ 양도가액 : 5억원
   ㄴ 취득가액 : 2억원
(2) 甲이 상가건물의 취득과 관련하여 지출한 비용 및 양도와 관련하여 지출한 비용은 다음과 같다.
   ㄱ 상가건물과 관련된 자본적 지출액 : 3천만원
   ㄴ 양도비 : 1천만원
(3) 각 연도의 사업소득금액의 계산시 건물의 감가상각비로 필요경비에 산입한 금액 : 5천만원

---

① 2억 1천만원   ② 2억 6천만원   ③ 3억원
④ 3억 1천만원   ⑤ 3억 2천만원

93 「소득세법」상 거주자가 국내 자산을 양도한 경우 양도소득세의 장기보유특별공제에 관한 설명으로 옳은 것을 모두 고른 것은?

> ㉠ 등기된 상가 건물을 5년 6개월 보유하다가 양도한 경우에 장기보유특별공제율은 100분의 15이다.
> ㉡ 등기된 1세대 1주택을 3년 6개월 보유하고, 그 보유기간 중 2년 6개월 거주하다가 양도한 경우 장기보유특별공제율은 100분의 20이다.
> ㉢ 장기보유특별공제를 적용함에 있어서 보유기간 판정시 가업상속공제가 적용된 비율에 해당하는 자산의 경우에는 피상속인이 해당 자산을 취득한 날부터 기산하고, 배우자 또는 직계존비속으로부터 증여받은 자산에 대한 이월과세가 적용되는 경우에는 증여 받은 배우자 또는 직계존비속이 해당 자산을 취득한 날부터 기산한다.
> ㉣ 비거주자가 국내 부동산을 양도한 경우 장기보유특별공제는 적용되지 아니한다.
> ㉤ "장기보유특별공제액"이란 조합원입주권을 양도하는 경우에는 「도시 및 주거환경정비법」 제74조에 따른 관리처분계획 인가 및 「빈집 및 소규모주택 정비에 관한 특례법」 제29조에 따른 사업시행계획인가 전 토지분 또는 건물분의 양도차익에 보유기간별 공제율을 곱하여 계산한 금액을 말한다.

① ㉠, ㉡   ② ㉡, ㉤   ③ ㉡, ㉢, ㉤

④ ㉠, ㉡, ㉤   ⑤ ㉠, ㉡, ㉢, ㉣, ㉤

94 국내에 계속하여 5년 이상 주소를 둔 나부자씨는 2024년에 다음의 자산을 양도하였다. 2024년에 나부자씨가 양도소득금액 계산시 양도차익에서 공제받을 수 있는 장기보유특별공제액은 모두 얼마인가?

> ㉠ 3년 2개월 보유한 국내에 소재하는 법원의 결정에 의하여 양도 당시 등기가 불가능한 상가건물의 양도차익 : 1억원
> ㉡ 3년 6개월 보유한 국내에 소재하는 등기된 비사업용토지의 양도차익 : 2억원
> ㉢ 5년 8개월 보유한 국내에 소재하는 골프회원권의 양도차익 : 3억원
> ㉣ 3년 6개월 보유한 국내에 소재하는 조정대상지역에 있는 등기된 법령으로 정하는 1세대 3주택의 양도차익 : 1억원
> ㉤ 3년 7개월 보유한 국외에 소재하는 토지의 양도차익 : 3억원

① 1천 800만원   ② 2천 400만원   ③ 4천만원

④ 8천만원   ⑤ 9천만원

95 「소득세법」상 양도소득세의 양도소득기본공제에 관한 설명으로 옳은 것은?

① 토지와 건물의 양도에 한하여 양도소득기본공제를 적용 받을 수 있다

② 여러 개의 부동산을 양도한 경우에 양도소득기본공제는 자산별로 각각 적용한다.

③ 비거주자의 국내원천소득인 양도소득에 대한 양도소득세 과세표준을 계산함에 있어 양도소득기본공제는 거주자와 동일하게 적용한다.

④ 장기할부조건으로 취득한 부동산으로서 그 계약조건에 의하여 양도당시 그 부동산의 취득에 관한 등기가 불가능한 부동산에 대해서는 양도소득기본공제를 적용하지 아니한다.

⑤ 2년 6개월 보유한 등기된 국내 소재 비사업용토지를 양도한 경우 양도소득기본공제가 적용되지 아니한다.

96 「소득세법」상 양도소득세의 과세표준을 계산하면 얼마인가?

> ㉠ 과세대상 : 등기된 국내 소재 상업용 건물
> ㉡ 보유기간 : 5년 6개월
> ㉢ 양도가액 : 100,000,000원
> ㉣ 법령에 따른 증명서류를 수취·보관한 취득가액 등 필요경비 합계액 : 60,000,000원
> ㉤ 해당연도에 다른 양도거래는 없음

① 20,000,000원   ② 30,000,000원   ③ 33,500,000원
④ 36,000,000원   ⑤ 40,000,000원

97 거주자인 甲은 1세대 1주택의 비과세요건을 충족한 등기된 고가주택을 양도하였다. 다음의 자료를 바탕으로 양도소득세의 과세표준을 계산하면 얼마인가?(단, 자본적 지출액과 양도비는 세금계산서 등 증명서류를 수취·보관하거나 실제 지출사실이 금융거래 증명서류에 의하여 확인되는 경우로 가정함)

> ㉠ 양도가액 : 20억원
> ㉡ 취득가액 : 11억원
> ㉢ 자본적 지출액과 양도비 : 1억원
> ㉣ 취득 이후 보유기간 및 거주기간 : 5년
> ㉤ 해당 연도에 다른 양도자산은 없다.

① 1억 8천 950만원   ② 1억 9천 200만원   ③ 3억 2천만원
④ 4억 7천 750만원   ⑤ 4억 8천만원

98 거주자 甲이 2023년 중 아래의 국내 소재 상업용 건물을 특수관계인이 아닌 거주자 乙에게 부담부 증여하고 乙이 甲의 피담보채무를 인수한 경우 甲의 양도차익을 계산하면 얼마인가?

> ㉠ 취득 당시 실지거래가액 : 8천만원
> ㉡ 취득 당시 기준시가 : 5천만원
> ㉢ 증여가액과 증여시 「상속세 및 증여세법」에 따라 평가한 가액(시가)은 각각 : 5억원
> ㉣ 상업용 건물에는 금융회사로부터의 차입금 1억원(채권최고액 : 1억 2천만원)에 대한 근저당권이 설정되어 있음

① 8천 4백만원   ② 1억원   ③ 1억 2천만원
④ 4억원   ⑤ 4억 2천만원

99 「소득세법」상 거주자의 양도소득과세표준 계산에 관한 설명으로 틀린 것은?

① 甲이 특수관계에 있는 E에게 시가보다 낮은 가격으로 부동산을 양도하는 경우에는 조세의 부담을 부당하게 감소시킨 것으로 인정된다. 이러한 저가양도의 부인은 시가와 거래가액의 차액이 3억원 이상이거나 시가의 100분의 5에 상당하는 금액 이상인 경우에 한하여 적용한다.

② 甲이 시가 100억원으로 평가된 토지를 사촌 형인 거주자 乙에게 96억원에 양도한 경우, 양도차익 계산시 양도가액은 100억원으로 계산한다.

③ 甲이 시가 10억원 상가건물을 특수관계인인 乙로부터 12억원에 취득한 경우, 양도차익 계산시 취득가액은 12억원으로 계산한다.

④ 증여자인 사촌 형의 채무를 수증자가 인수하는 부담부증여인 경우에는 증여가액 중 그 채무액에 상당하는 부분은 그 자산이 유상으로 사실상 이전되는 것으로 본다.

⑤ 직계존비속간 부담부증여로서 수증자에게 인수되지 아니한 것으로 추정되는 채무액은 부담부증여의 채무액에 해당하는 부분에서 제외한다.

100 거주자 甲은 2020년 3월에 취득한 상업용 건물(취득가액 5억원)을 2022년 10월에 배우자에게 증여(증여당시 평가액 8억원)하고, 증여받은 배우자가 상업용 건물을 2024년 7월에 특수관계인이 아닌 제3자에게 양도(양도가액 9억원)하였다. 취득과 증여 및 양도과정에서 소유권 이전등기는 적절히 이행하였고 증여받은 배우자가 납부한 증여세는 4천만원으로 가정한다. 이 경우 「소득세법」상 양도소득세의 양도소득금액을 계산하면 얼마인가?(단, 이월과세를 적용하여 계산한 양도소득 결정세액이 이월과세를 적용하지 아니하고 계산한 양도소득 결정세액보다 큰 경우로 가정함)

① 2억5천만원　　　　② 3억1천680만원　　　　③ 3억3천120만원
④ 3억6천만원　　　　⑤ 3억6천800만원

101 「소득세법」상 거주자의 양도소득과세표준 계산에 관한 설명으로 옳은 것은 모두 몇 개인가?

> ㉠ 배우자 간 증여재산의 이월과세 적용시 증여받은 자산에 대하여 납부한 증여세는 양도차
> 익 계산에 영향을 미치지 아니한다.
> ㉡ 토지의 양도로 발생한 양도차손은 주식의 양도에서 발생한 양도소득금액에서 공제할 수
> 있다.
> ㉢ 부동산에 관한 권리의 양도로 발생한 양도차손은 건물의 양도에서 발생한 양도소득금액
> 에서 공제할 수 없다.
> ㉣ 2024년에 양도한 건물에서 발생한 양도차손은 15년 이내에 양도하는 건물의 양도소득금
> 액에서 이월하여 공제받을 수 있다.

① 0개   ② 1개   ③ 2개
④ 3개   ⑤ 4개

102 「소득세법」상 거주자가 국내 양도소득세 과세대상을 양도한 경우, 양도소득세 세율에 관한 설
명으로 틀린 것은?

① 양도소득세의 세율을 적용함에 있어서 보유기간은 해당 자산의 취득일부터 양도일까지
로 한다. 다만, 상속받은 자산은 피상속인이 그 자산을 취득한 날을 그 자산의 취득일로
보고, 양도소득의 필요경비 계산 특례에 해당하는 자산은 증여자가 그 자산을 취득한 날
을 그 자산의 취득일로 본다.

② 거주자가 2023년 5월 27일에 주택을 취득하여 등기한 후 해당 주택을 2024년 10월 25일에
양도하였다. 이에 따른 양도소득 과세표준이 1천만원인 경우에 적용되는 세율 6%이다.

③ 1년 6개월 보유한 등기된 상업용 건축물을 양도하는 경우 100분의 40의 세율을 적용한다.

④ 거주자가 국내에 있는 양도소득과세표준이 1,400만원 이하이고, 보유기간이 2년 이상인
지정지역에 있지 않은 등기된 비사업용 토지를 양도한 경우 양도소득과세표준에 적용되
는 세율은 16퍼센트이다.

⑤ 하나의 자산이 세율 중 둘 이상에 해당할 때에는 해당 세율을 적용하여 계산한 양도소득
산출세액 중 큰 것을 그 세액으로 한다.

103 「소득세법」상 국내 자산 양도시 100분의 70의 양도소득세 세율이 적용되는 것은?

① 보유기간이 1년 6개월인 등기된 1세대 1주택의 양도
② 보유기간이 1년 6개월인 등기된 상가건물의 양도
③ 피상속인이 사망하기 전에 6개월 보유한 등기된 상가 토지를 상속인이 상속 받아 등기한 후 10개월이 지나 양도
④ 보유기간이 9개월인 주택 분양권의 양도
⑤ 보유기간이 6개월인 회원제 골프회원권의 양도

104 다음은 거주자 甲이 2024년 10월에 양도한 국내 소재 주택 분양권에 관련된 자료이다. 「소득세법」상 甲의 양도소득세 산출세액을 계산하면 얼마인가?

> ㉠ 양도물건 : 주택 분양권
> ㉡ 양도차익 : 1천 250만원
> ㉢ 보유기간 : 6개월
> ㉣ 해당 연도에 다른 양도물건은 없음

① 400만원   ② 500만원   ③ 600만원
④ 700만원   ⑤ 875만원

105 「소득세법」상 거주자의 양도소득세 신고 및 납부에 관한 설명으로 옳은 것은?

① 건물을 양도한 경우에는 그 양도일이 속하는 분기의 말일부터 2개월 이내에 양도소득과세표준을 신고해야 한다.
② 법령에 따른 부담부증여의 채무액에 해당하는 부분으로서 양도로 보는 경우 그 양도일이 속하는 달의 말일부터 3개월 이내에 양도소득과세표준을 납세지 관할 세무서장에게 신고하여야 한다.
③ 양도차익이 없거나 양도차손이 발생한 경우에는 양도소득과세표준 예정신고 의무가 없다.
④ 예정신고하지 않은 거주자가 해당 과세기간의 과세표준이 없는 경우 확정신고하지 아니한다.
⑤ 「부동산 거래신고 등에 관한 법률」 제10조 제1항에 따른 토지거래계약에 관한 허가구역에 있는 토지를 양도할 때 토지거래계약허가를 받기 전에 대금을 청산한 경우 그 대금을 청산한 날이 속하는 달의 말일부터 2개월 이내에 납세지 관할 세무서장에게 신고하여야 한다.

106 거주자 甲이 등기된 국내 소재 상업용 건물을 양도한 경우, 양도소득 과세표준 예정신고에 관한 설명으로 옳은 것은?

① 2024년 7월 15일에 매매로 양도한 경우, 예정신고기한은 2024년 10월 31일이다.

② 2024년 7월 25일에 부담부증여의 채무액에 해당하는 부분으로서 양도한 경우, 예정신고기한은 2024년 9월 30일이다.

③ 과세표준 예정신고와 함께 납부하는 때에는 산출세액에서 납부할 세액의 100분의 10에 상당하는 금액을 공제한다.

④ 예정신고기한까지 무신고하거나 과소신고한 후 확정신고기한까지 신고하거나 수정하여 신고한 경우 무신고가산세 또는 과소신고가산세를 부과하지 아니한다.

⑤ 거주자가 건물을 신축하고 그 건물의 취득일부터 5년 이내에 해당 건물을 양도하는 경우로서 감정가액 또는 환산취득가액을 그 취득가액으로 하는 경우에는 해당 건물의 감정가액 또는 환산취득가액의 100분의 5에 해당하는 금액을 양도소득 결정세액에 더한다. 이 경우 양도소득 산출세액이 없는 경우에도 적용한다.

107 「소득세법」상 거주자의 양도소득에 대한 납세의무에 관한 설명으로 틀린 것은 모두 몇 개인가?

> ㉠ 납세지 관할 세무서장은 과세기간별로 예정신고납부세액과 확정신고납부세액의 금액의 합계액이 양도소득 총결정세액을 초과할 때에는 그 초과하는 세액을 환급하거나 다른 국세 및 강제징수비에 충당하여야 한다.
> ㉡ 예정신고기한까지 예정신고를 하지 아니하였으나 확정신고기한까지 과세표준신고를 한 경우에는 무신고가산세를 부과하지 아니한다.
> ㉢ 거주자가 양도소득세 예정신고에 따라 납부할 세액이 1천 200만원인 경우 200만원을 분할납부할 수 있다.
> ㉣ 거주자가 양도소득세 예정신고에 따라 납부할 세액이 2천 600만원인 경우 1천 300만원을 분할납부할 수 있다.
> ㉤ 양도소득과세표준과 세액을 결정 또는 경정한 경우 관할세무서장이 결정한 양도소득 총결정세액이 이미 납부한 확정신고세액을 초과할 때에는 그 초과하는 세액을 해당 거주자에게 알린 날부터 60일 이내에 징수한다.

① 1개   ② 2개   ③ 3개
④ 4개   ⑤ 5개

108 「소득세법」상 거주자의 국외 부동산 양도에 관한 설명으로 옳은 것은?

① 국외 부동산 양도에 대한 양도소득세의 납세의무자는 국내에 주소를 두거나 183일 이상 거소를 둔 거주자이다.

② 국외 부동산을 양도한 경우 양도차익과 양도소득금액은 동일한 금액이다.

③ 국외 부동산을 양도한 경우 양도소득 과세표준 계산시 양도소득기본공제는 적용되지 아니한다.

④ 국외자산의 양도소득에 대하여 외국에서 납부하였거나 납부할 것이 있는 때에는 양도소득 산출세액에서 공제하는 방법만으로 이중과세 조정을 받을 수 있다.

⑤ 국외에 소재한 영업용 건물을 6개월 보유하다가 양도한 경우 100분의 50의 세율을 적용한다.

109 「소득세법」상 국외자산 양도에 관한 설명으로 옳은 것은?

① 국외자산의 양도에 대한 양도소득세 과세에 있어서 국내자산의 양도에 대한 양도소득세 규정 중 기준시가의 산정은 준용한다.

② 국외자산의 양도가액은 그 자산의 양도 당시의 실지거래가액으로 한다. 다만, 양도 당시의 실지거래가액을 확인할 수 없는 경우에는 양도자산이 소재하는 국가의 양도 당시 현황을 반영한 시가에 따르되, 시가를 산정하기 어려울 때에는 그 자산의 종류, 규모, 거래상황 등을 고려하여 대통령령으로 정하는 방법에 따른다.

③ 부동산에 관한 권리에서 부동산임차권은 등기된 것에 한하여 양도소득세 과세대상이다.

④ 미등기 국외토지에 대한 양도소득세율은 100분의 70이다.

⑤ 국외에서 외화를 차입하여 취득한 자산을 양도하여 발생하는 소득으로서 환율변동으로 인하여 외화차입금으로부터 발생하는 환차익을 포함하고 있는 경우에는 해당 환차익을 양도소득의 범위에 포함한다.

110 「소득세법」상 부동산임대업에서 발생한 소득에 관한 설명으로 옳은 것을 모두 고른 것은?

> ㉠ 「공익사업을 위한 토지 등의 취득 및 보상에 관한 법률」 제4조에 따른 공익사업과 관련하여 지역권을 대여함으로써 발생하는 소득은 사업소득이다.
> ㉡ 주거용 건물 임대업에서 발생한 결손금은 종합소득과세표준을 계산할 때 공제한다.
> ㉢ 전기료·수도료 등의 공공요금의 명목으로 지급받은 금액이 공공요금의 납부액을 초과할 때 그 초과하는 금액은 사업소득의 총수입금액에 산입하지 아니한다.
> ㉣ 자기소유의 부동산을 타인의 담보로 사용하게 하고 그 사용대가로 받는 것은 사업소득이다.
> ㉤ 주택을 임대하여 얻은 소득은 거주자가 사업자등록을 하지 않은 경우에는 소득세 납세의무가 없다.

① ㉢
② ㉡, ㉣
③ ㉠, ㉣, ㉤
④ ㉡, ㉢, ㉣
⑤ ㉠, ㉡, ㉢, ㉣, ㉤

111 「소득세법」상 거주자의 2024년 부동산 임대와 관련하여 발생한 소득에 관한 설명으로 틀린 것은 모두 몇 개인가?

> ⊙ 주택임대소득이 과세되는 고가주택은 과세기간 종료일 또는 해당 주택의 양도일을 기준으로 기준시가가 12억원을 초과하는 주택을 말한다.
>
> ⓛ 과세기간 종료일 현재 기준시가가 4억원인 주거의 용도로만 쓰이는 면적이 109m² 2채, 기준시가가 2억인 주거의 용도로만 쓰이는 면적이 40m² 1채를 보유하고 있는 거주자가 주택에 대한 전세보증금의 합계액이 4억원인 경우 간주임대료를 계산한다.
>
> ⓒ 甲과 乙이 과세기간 종료일 현재 기준시가가 20억원인 공동소유 1주택(甲 지분율 60%, 乙 지분을 40%)을 임대하는 경우 주택임대소득의 비과세 여부를 판정할 때 甲과 乙이 각각 1주택을 소유한 것으로 보아 주택 수를 계산한다.
>
> ② 주택임대로 인하여 발생하는 소득에 대한 비과세 여부를 판정함에 있어서 임차 또는 전세받은 주택을 전대하거나 전전세하는 경우에 해당 임차 또는 전세받은 주택은 임차인 또는 전세받은 자의 주택으로 계산한다.
>
> ⓜ 자산을 임대하여 발생하는 소득의 경우 계약 또는 관습에 따라 지급일이 정해진 것은 그 정해진 날이 수입시기이고, 계약 또는 관습에 따라 지급일이 정해지지 아니한 것은 그 지급을 받은 날이 수입시기이다.

① 1개 ② 2개 ③ 3개
④ 4개 ⑤ 5개

112 「소득세법」상 거주자의 부동산 관련 사업소득에 관한 설명으로 옳은 것은?

① 1동의 주택을 신축하여 판매하는 주택신축판매업의 경우 부동산매매업에 해당한다.

② 해당 과세기간의 주거용 건물 임대업을 제외한 부동산임대업에서 발생한 결손금은 그 과세기간의 종합소득과세표준을 계산할 때 공제한다.

③ 사업소득의 이월결손금은 해당 이월결손금이 발생한 과세기간의 종료일부터 15년 이내에 끝나는 과세기간의 소득금액을 계산할 때 먼저 발생한 과세기간의 이월결손금부터 순서대로 공제한다.

④ 부동산매매업 또는 건설업자가 판매를 목적으로 취득한 토지 등의 부동산을 일시적으로 대여하고 얻는 소득은 부동산임대업으로 보지 아니한다.

⑤ 분리과세 주택임대소득이 있는 거주자의 종합소득 결정세액은 분리과세 주택임대소득을 적용하기 전의 종합소득 결정세액과 "(분리과세 주택임대소득에 대한 사업소득금액 × 100분의 15) + 분리과세 주택임대소득에 대한 사업소득금액 외의 종합소득 결정세액"의 세액 중 하나를 선택하여 적용한다.

정답

01 | 조세총론

물납과 분할납부

01	02	03	04	05	06	07	08
O	O	X	O	O	O	O	X

용어의 정의

01	02	03	04	05	06	07
O	O	O	O	O	O	O

납세의무의 성립시기

01	02	03	04	05	06	07	08	09
O	O	O	O	X	X	O	O	O

납세의무의 확정

01	02	03	04	05
X	X	O	O	X

부과의 제척기간과 징수권의 소멸시효

01	02	03
X	O	X

가산세

01	02	03
X	O	O

조세채권과 피담보채권과의 관계

01	02	03	04	05
O	O	O	O	X

서류의 송달

01	02
④	②

「지방세기본법」에 따른 지방세의 불복청구

01	02	03	04	05
X	X	O	O	O

「지방세기본법」에 따른 서류의 송달

01	02	03
O	O	O

02 | 취득세

취득의 정의

01	02	03	04	05	06	07
X	X	X	O	X	X	X

취득세 납세의무자

01	02	03	04	05
O	X	O	O	X

취득의 유형

01	02	03	04	05
O	X	X	O	X

취득세의 비과세

01	02	03	04	05	06	07
O	O	X	X	O	X	X

취득의 시기

01	02	03
O	O	O

취득세의 과세표준

01
O

취득세의 과세표준

01	02
O	O

취득세의 표준세율

01	02	03
O	O	O

사치성 재산 등에 대한 중과세율

01	02	03	04
X	O	O	O

취득세의 납세절차

01	02	03
O	O	O

03 | 등록에 대한 등록면허세

등록의 정의

01	02
O	O

등록면허세의 납세의무자

01	02	03
O	O	O

등록면허세의 비과세

01
O

등록면허세의 납세절차

01	02	03
X	O	O

04 | 재산세

재산세의 납세의무자

01	02	03	04	05
X	X	O	O	X

재산세 과세대상의 구분

01	02	03
O	O	O

토지에 대한 재산세의 과세방법

01	02	03	04
X	X	X	X

재산세의 비과세

01	02	03	04	05
X	O	X	O	X

재산세의 과세표준

01	02	03	04
X	X	X	X

재산세의 세율

01	02	03
O	X	O

재산세의 납세절차

01	02	03	04	05	06	07
X	X	X	O	X	O	O

재산세의 물납과 분할납부

01	02	03	04	05	06	07	08	09	10
X	X	X	X	O	O	X	O	O	X

05 | 종합부동산세

종합부동산세의 과세방법

01	02	03	04	05
O	X	O	O	O

종합부동산세 과세표준의 산정

01	02	03	04	05
O	O	O	X	X

단독소유 + 1세대 1주택 + 거주자

01	02	03	04	05
X	X	X	O	X

1세대 1주택자 판정시 주택 수에서 제외

01
O

종합부동산세의 세율과 세율 적용시 주택 수 계산

01	02	03	04	05	06	07
O	X	X	X	X	O	O

종합부동산세의 절차적 사항

01	02	03	04	05	06	07	08	09
O	X	X	O	O	O	X	O	O

종합부동산세의 분납 등

01	02	03	04
O	X	O	O

06 | 소득세

소득세법 총설

01	02	03	04	05	06	07
O	X	X	X	X	X	O

양도소득세의 과세대상

01	02	03	04	05	06	07
X	X	X	X	O	O	X

양도로 보는 경우와 양도로 보지 않는 경우

01	02	03	04	05
O	O	X	X	X

1세대 1주택 양도의 비과세

01	02	03	04	05
O	O	X	O	X

1세대 1주택 양도의 비과세

01	02	03
O	O	O

1세대 1주택 양도의 비과세

01	02	03
O	O	O

농지의 교환 또는 분합에 대한 비과세 등

01	02	03	04	05
O	O	O	O	O

미등기양도제외 자산 - 법령이 정하는 자산

01	02	03
X	O	O

양도 또는 취득시기

01	02	03
O	O	O

양도가액과 취득가액의 산정원리

01	02	03	04	05	06
O	X	X	O	O	X

실지거래가액에 의한 필요경비 포함 여부

01	02	03
X	O	O

장기보유특별공제

01	02
X	O

양도소득기본공제

01	02	03	04
O	O	O	X

양도소득금액계산의 특례

01	02	03	04	05	06
O	X	O	O	X	O

양도소득금액계산의 특례

01	02	03	04
X	O	X	X

배우자 또는 직계존비속으로부터 증여받은 자산에 대한 이월과세와 특수관계인간 증여 후 양도행위의 부인

01	02	03	04	05	06	07	08	09	10
X	O	O	X	O	O	X	X	O	O

11	12	13
X	O	O

양도소득금액계산의 특례

01	02	03
X	X	X

양도소득세의 세율

01	02
X	X

양도소득 과세표준 예정신고

01	02	03	04	05	06	07
O	X	X	X	O	X	X

양도소득세의 납세절차

01	02	03	04	05	06	07	08
X	X	X	X	O	X	X	O

국외부동산양도에 대한 양도소득세

01	02	03	04	05	06
O	X	X	O	O	O

사업 관련 소득

01	02	03	04	05
O	X	X	O	O

사업 관련 소득

01	02	03	04	05
X	O	O	X	X

족집게문제

01	02	03	04	05	06	07	08	09	10
③	②	④	①	⑤	④	⑤	④	②	②
11	12	13	14	15	16	17	18	19	20
④	③	①	③	④	⑤	⑤	⑤	③	⑤
21	22	23	24	25	26	27	28	29	30
②	④	①	①	⑤	④	④	①	①	③
31	32	33	34	35	36	37	38	39	40
④	①	⑤	③	②	③	④	③	③	②
41	42	43	44	45	46	47	48	49	50
③	④	②	①	⑤	③	②	④	⑤	⑤
51	52	53	54	55	56	57	58	59	60
④	②	③	②	③	①	④	③	⑤	⑤
61	62	63	64	65	66	67	68	69	70
⑤	②	①	⑤	②	④	①	④	①	⑤
71	72	73	74	75	76	77	78	79	80
⑤	⑤	③	④	④	④	①	③	④	①
81	82	83	84	85	86	87	88	89	90
③	①	①	④	④	③	④	③	②	④
91	92	93	94	95	96	97	98	99	100
③	④	②	②	③	③	①	①	③	③
101	102	103	104	105	106	107	108	109	110
①	②	④	④	②	⑤	②	②	②	②
111	112								
①	③								

제35회 공인중개사 시험대비 **전면개정판**

2024 박문각 공인중개사
하헌진 파이널 패스 100선 2차 부동산세법

초판인쇄 | 2024. 8. 5. **초판발행** | 2024. 8. 10. **편저** | 하헌진 편저
발행인 | 박 용 **발행처** | (주)박문각출판 **등록** | 2015년 4월 29일 제2019-000137호
주소 | 06654 서울시 서초구 효령로 283 서경 B/D 4층 **팩스** | (02)584-2927
전화 | 교재 주문 (02)6466-7202, 동영상문의 (02)6466-7201

저자와의
협의하에
인지생략

정가 20,000원
ISBN 979-11-7262-168-1